सफलता के 9 Hacks

लेखक
नईम गंगोही

BlueRose ONE.com
Stories Matter
NewDelhi • London

BLUEROSE PUBLISHERS
India | U.K.

Copyright © Naeem Gangohi 2024

All rights reserved by author. No part of this publication may be reproduced, stored in a retrieval system or transmitted in any form or by any means, electronic, mechanical, photocopying, recording or otherwise, without the prior permission of the author. Although every precaution has been taken to verify the accuracy of the information contained herein, the publisher assumes no responsibility for any errors or omissions. No liability is assumed for damages that may result from the use of information contained within.

BlueRose Publishers takes no responsibility for any damages, losses, or liabilities that may arise from the use or misuse of the information, products, or services provided in this publication.

For permissions requests or inquiries regarding this publication, please contact:

BLUEROSE PUBLISHERS
www.BlueRoseONE.com
info@bluerosepublishers.com
+91 8882 898 898
+4407342408967

ISBN: 978-93-6261-597-8

Typesetting: Pooja Sharma

First Edition: September 2024

में उन सभी दोस्तों का दिल से आभारी हूँ जिन दोस्तों ने मेरी इस बुक को लिखने में मेरी मदद की।

इस बुक को लिखने का उद्देशय

इस बुक को लिखने का उद्देशय यह है कि कैसे हमारी जिंदगी में पैसा, सुकून और हेल्दी लाइफ को जी सकें। मैने देखा कि आजकल लोगों की जिंदगी में एक भागदौड़ वाला माहोल है और इस बात को सभी जानते हैं कि हम सबके पास 24 घंटे ही है और हम अपनी लाइफ में कुछ बड़ा करना चाहते हैं लेकिन कुछ लोगों के पास तो कुछ बड़ा करने की वजह होती है और वजह यह होती है कि अगर वे अमीर ना बने तो उनका कोई वजूद नहीं, ऐसा इसलिए होता है कि उनके ऊपर कुछ परिवार की जिम्मेदारी आ जाती है जिसकी वजह से वे कुछ बड़ा करने के लिए मजबूर होते है ।

और जो आपनी लाइफ में कुछ बड़ा करना चाहते है वह अपना टाइम इधर उधर फालतू में नहीं गवाते वो लगातार

अपने आपको मजबूत बनाते हैं और लगातार सीखते रहते हैं और आगे बढ़ते रहते हैं। वो लगातार सीखते है और

अपना सर्कल ऐसा बनाते है जिसकी वजह से वे तरक्की करें।

दूसरे किसम के लोग वे होते हैं जो रात को देर से सोते हैं और सुबह देर से उठते हैं और देर से उठने के कारण ही वे सुबह

से ही अपने सारे काम भागदोड़ में करते हैं जिसकी वजह से वे अधिकतर अपने कामों को सही से पूरा भी नही कर पाते

और याद रखें जो आदमी अपने कामों को प्रेजेंट में नहीं करते यानी प्रेजेंट को सही यूज नहीं करते उन्हें फ्यूचर में दुखी देखा

जाता है या वे डिप्रेशन में होते है यानी तनाव में और तनाव में रहने के कारण ही।

आज युग में हार्ट अटेक जैसी बिमारी तेज़ी से बढ़ रही है पहले यानी 2010 वर्ष में सुनने में आता था कि किसी आदमी को

हार्ट अटेक हुआ है तो उस बात से ये अंदाज़ा लगाया जाता था कि जिसको हार्ट अटेक हुआ है उसकी उमर 50-60 वर्ष

होगी मुझे याद है कि मेरे ताया को जब हार्ट अटेक हुआ था तब उनकी उमर 55-60 वर्ष होगी लेकिन अब 2022-2023

में ये आँकड़ा 30-40 वर्ष पर आ चूका है इसकी एक वजह यह भी है कि लोग आज की दौर में ज्यादा तनाव में रहते हैं

अगर इसमें आपको कोई शक है कि पहले के हिसाब से लोग अब ज्यादा तनाव में रहते हैं तो आपके पास अगर कोई

सीनियर डाक्टर है तो आप उससे पता कर सकते हैं कि डिप्रेशन की दवाईयो की सेल 2010 से बढ़ी है या नहीं - तनाव में

रहने का एक कारण ये भी है कि पहले लोग रात के पहले पहर में सो जाते थे और सुबह सूरज निकलने से पहले उठ जाते

थे यही एक वजह थी कि लोग जल्दी सोने और उठने की कारण ही अपने सारे कामों को निपटा लिया करते थे और पहले

के दौर में इतनी फैसिलिटी भी नहीं थी जितनी फैसिलिटी आज के दौर में है। अगर आप भी तनाव मुक्त जिंदगी जीना

चाहते है और कम समय में ज्यादा अमीर और सुखी बनना चाहते हैं तो ये बुक आपकी मदद करेगी। इस बुक में ऐसे 9

Hacks बताये गये हैं जो आपकी लाइफ को सरल बनाने में आपकी मदद करेगी। इस बुक में डायरेक्ट टॉपिक पर बात करी

गयी है जिससे आप कम टाईम में ज्यादा चीजे सीख सकें । इस बुक को लिखने का मोटिव आपको कम टाइम में ज्यादा चीजें सिखाना है।

जब आप इस बुक को read करेंगे अपने पास एक नोटबुक रखे और जितनी भी बातें आपके लिए जरूरी है उनको

लिखते जाए | जब आप इस बुक को पूरी read कर चुके होंगे आप देखेंगे की आपने एक बहुत बड़ा pyramid खड़ा

कर दिया है | और उन बातो को अपनी life में apply करे जब आप उन बातो को जो आपने लिखी है अपनी life में

apply करेंगे आपकी life में यक़ीन माने बहुत बदलाव आने शुरू हो जाएंगे |

अनुक्रमणिका

1. सुबह जल्दी उठे |... 1
2. Team के साथ मिलकर पूरे दिन का target बनाकर टाइम पर काम करे |... 8
3. आलस वाले कामो से बचे |..24
4. Goal बनाकर Internet और Mobile को फायदे के लिए Use करे |...36
5. Mindset: हमारा Mindset कैसा हो |...48
6. Books पढ़ने के फायदे |..60
7. Problem Solve करके अमीर बने |...66
8. अपने काम के लिए Mentor / Expert लोगो को चुने........................72
9. अंतिम बात 78

1. सुबह जल्दी उठे |

सुबह जल्दी उठे और रात को जल्दी सो जाये आपके लिए 6-7 घंटे की नींद काफी है। जब आप सुबह जल्दी उठते है और रात को जल्दी सो जाते हैं। तो आपके पास बहुत सा टाइम होता है जिसकी वजह से आप काम पर जाने से पहले बहुत से कामों को आसानी से पूरा कर लेते हैं | अगर हम देखें आज से 20 से 30 साल पहले इतनी सुविधाऐं नही थी जितनी आज के दौर में है और अगर मै आप को इसका एक बात में जवाब दूँ तो इन सभी सुविधाओं के पीछे बहुत सारी वजह हो सकती है - लेकिन इंटरनेट इसके पीछे की खास वजह है।

मै आपको बता दूँ कि पहले के लोग तनाव मुक्त रहते थे लेकिन आज के दौर में लोग ज्यादा तनाव में रहते हैं। इसकी वजह यह है कि लोग रात को देर से सोते हैं और सुबह देर से उठते हैं रात को देर से सोने की वजह से ही लोग आज के दौर में ज्यादा शुगर के मरीज बढ रहे हैं, एक research से ये बात साबित हो चुकी है कि अगर आप रात 10 बजे के बाद सोते हैं इसकी वजह से कम उम्र में शुगर का खतरा बढ़ जाता है।

अगर आप सुबह देर से उठते हैं यानी सुबह सूरज निकलने के बाद तक सोते रहते हैं तो इससे आपकी ऐनर्जी का लेवल गिरने लगता है, जब आपकी एनर्जी का लेवल गिरने लगता है तो आपके काम करने की क्षमता (capacity) कम होने लगती है | जब आपकी काम करने की क्षमता कम होने लगती है तो आप ज्यादा समय में कम काम करते हैं जिसका अर्थ यह है कि आप अपनी सक्सेस को देर से अचीव करेंगे और यह सब देर से सोने की वजह से और सुबह को देर से उठने की वजह से हुआ |

सुबह जल्दी उठकर एक्सरसाइज जरूर करें और अपने पूरे दिन की योजना बनाये अगर हम देखे कि आज की पीढ़ी (Generation) बहुत कमजोर हो चुकी है। अगर हम देखें जब कम्पनिया नही आयी थी तब

लोग जल्दी सो जाते थे और जल्दी उठ जाते थे। और हम टाईम को लेकर इतने ज्यादा बेफिक्र है जैसे टाइम का कंट्रोल हमारे हाथ में है जबकि हकीकत

ये है कि हमारी जिंदगी का एक एक पल कीमती है। हमारी जिंदगी का गुज़रा हुआ एक पल सिर्फ एक पल पूरी दुनिया मिलकर भी नहीं लोटा सकती। हमारा वक्त बर्फ की तरह खत्म हो रहा है जैसे बर्फ पिघलता रहता है लेकिन हमें नहीं दिखता वे लगातार घुलता रहता है। जैसे धुप का साया चलता रहता है और हमें नहीं दिखता या तो वे हमें सुबह को दिखता है या फिर शाम में साया सुबह कहाँ और शाम को कहाँ पहुँच गया। ऐसे ही हमारी जिंदगी है हम भी हर रोज़ मौत की तरफ चल रहे हैं। यानि हमारी जिंदगी का रोज़ाना एक दिन कम हो रहा है।

हम सबको पता है कि मेरी जन्म तारीख क्या है लेकिन ये किसी को मालूम नही है कि मेरी मौत कब आयेगी और हम देखते भी है कि इस दुनिया से एक दिन के बच्चे से लेकर 100 साल के बुजुर्ग या इससे कुछ कम ज्यादा के लोग इस दुनिया को छोड़ देते हैं दुनिया में आने की तारीख सबको मालूम है लेकिन हमें इस दुनिया से कब जाना पड़ जाए ये किसी की मालूम नहीं।

अब बात आती है कि जब हमें मालूम नही कि इस दुनिया से हमें कब जाना पड़ जाए यानी इस दुनिया को कब छोड़ना पड़ जाए, तो इससे ये बात निकल जाती है कि जेंटलमैन को चाहिए कि अपने हर दिन को जिंदगी का आखिरी दिन समझकर जिंदगी गुज़ारे अब आप ही बतायें कि अगर आपको पता हो कि ये मेरी जिंदगी का आखिरी दिन है, आप उस दिन को कैसे गुजारेंगे या कैसे जियेंगे–

• क्या चौराहो सड़कों और फुटपाथ पर खड़े होकर अपना टाइम बर्बाद करेंगे?

• क्या आप अपने कामो को टालमटोल में करेंगे?

• क्या आप उस दिन अपनी फैमिली को टाइम नही देंगे?

• क्या आप उस दिन देर तक सोते रहेंगे?

इस दुनिया के अंदर हर आदमी का कोई ना कोई मकसद जरूर है। हम दुनिया में ऐसे ही नहीं आये कि खाना पीना सोना

और इस दुनिया से चले जाना। हर आदमी का कोई ना कोई मोटिव ज़रूर है इसलिए हमें चाहिए कि हम ऐसा कोई

अच्छा काम जरूर करें जिससे हमारे इस दुनिया से जाने के बाद भी कम से कम 1 सदी तक हमारा नाम-हमारा काम

जरूर रहें हम सबके पास लिमिटेड टाइम है इसलिए हमें चाहिए कि हम अपने टाइम को फालतू में बर्बाद ना करे लगातार

सीखते रहें, अपने सोने-उठने और खाने के टाइम को फिक्स करें|

कुछ याद रखने योग्य बाते:

1) रात को जल्दी सोये और सुबह जल्दी उठें 6-7 घंटे की नींद ले जब आप रात को जल्दी सोते हैं और सुबह जल्दी उठते हैं तो आप ज्यादा उर्जावान होते है|

2) दुनिया के अंदर बहुत बदलाव हो चुके है और हो रहे है इसलिए अपने टाइम को बचाइए सुबह जल्दी उठकर अपने कामों को पूरा कर ले|

3) सुबह जल्दी उठे जिससे आपकी काम करने की कैपेसिटी बढ जाती है और जब आपकी कैपेसिटी बढेगी तो आप ज्यादा उर्जावान महसूस करेंगे|

4) सुबह जल्दी उठकर एक्सरसाइज जरूर करें हमारा टाईम बहुत कीमती है पूरी दुनिया मिलकर भी हमारी जिंदगी का एक पल भी नही लोटा सकती, जो गुजर गया उसको भूलकर अपने आपको लगातार बेहतर बनाएँ|

5) हमारा दुनिया में आने का कोई ना कोई मकसद जरूर है | अपने मकसद को पहचाने और कोई ऐसा अच्छा काम जरूर करे जिससे लोगो की प्रॉब्लम सॉल्व हो सके|

एक्सरसाइज जरूर करे

मै एक्सरसाइज़ की बात इसलिए कर रहा हूँ कि एक्सरसाइज़ हमारी लाइफ में टाइम को बचाने के लिए बहुत जरूरी है।

अगर आप चाहते हैं कि आप हैल्दी लाइफ जिऐं तो आपके लिए एक्सरसाइज जरूरी है। अपने आपको फिट और हेल्दी रखने के लिए दिन में दो बार वर्क आउट जरूर करें।

अब बात आती है कि एकरसाइज़ से हमारा टाइम कैसे बचेगा मान लीजीऐ आप लाइफ में बहुत सारा पैसा चाहते है अगर आपकी हैलथ अच्छी नही रहेगी तो आप उस पैसे का क्या करेंगे। हममें से कोई नहीं चाहता कि हम हॉस्पिटल में टाइम गुज़ारे अगर हम चाहते है कि हम हॉस्पिटल में टाइम लगाने से बच जाएं तो रोजाना कम से कम 30 मिनट के 2 वर्क आउट जरूर करें या कम से कम सुबह वर्क आउट जरूर करें।

बहुत से लड़कों को देखा गया है कि वे या तो शादी से पहले जिम ज्वाइन करते हैं और वो जल्दी बॉडी बनाने के लिए सप्लीमेंट केप्सूल वगेरा का सहारा लेते है जबकि ये तरीका गलत है। वो जल्दी बॉडी बनाने के चक्कर में अपनी बॉडी तो बना लेते है लेकिन इससे होने वाले नुकसान को उनको सामना करना पड़ा है ऐसा इसलिए होता है क्योकि वे बॉडी बनाने का शॉर्टकट वाला रास्ता चुनते हैं। जैसे बहुत से लोग जल्दी अमीर बनने के लालच में अमीरी का शॉर्टकट वाला रास्ता चुनते है और वो रास्ता गलत होता है जिसका परिणाम उन्हें भुगतना पड़ता है ऐसे ही बहुत से लोग जल्दी बॉडी बनाने के लिए ना जाने कैसे कैसे तरीके चुनते हैं, लेकिन उन्हें में बताना चाहता हूं कि वे और सब यानी हम सबको एक्सरसाइज को बॉडी बनाने के साथ साथ अपने आपको फिट रखने के लिए करनी चाहिए।

ये कोई 6 महीने या 1 साल का काम नही बल्कि ये तो हमें जिंदगी भर करनी चाहिए ताकि हम फिट रह सके अगर आप चाहते हैं कि आप बहुत सारा पैसा कमाए और मान लीजीए कि आप कमा भी लेंगे लेकिन अगर आपके पास पैसा तो आ गया लेकिन अगर आपने अपनी फिटनेस अपनी हेल्थ पर ध्यान ना दिया यानी आपने अपनी लाइफ हेल्दी नहीं रखी तो

आप उस पैसा का क्या करेंगे। मेरे हिसाब से तो अगर आपकी सेहत अच्छी ना रही तो आप उस पैसे को देखकर खुश ही हो सकते है।

इसको आप ऐसे समझें – मेरे घर के पास एक आदमी रहता है जिसने पैसा कमाने पर तो ध्यान दिया लेकिन अपनी फिटनेस पर कभी ध्यान नही दिया लेकिन अब उसकी उम्र 60 साल के करीब हो चुकी है और उसको शुगर भी हो गयी है। अब आप ही बताएँ कि वे उस पैसे का क्या करेगा हम भी यही सोचते हैं कि पहले पैसा कमा लो उसके बाद सब काम कर लेंगे या उसके बाद हम सभी चीज़े खरीद लेंगे लेकिन असल में ऐसा नहीं होता कि आप पहले पैसा इकट्ठा कर ले और उसके बाद सेहत खरीद लेंगे – पैसे से आप अच्छा घर, कार, फर्नीचर तो खरीद सकते हैं लेकिन पैसे से आप सेहत नही खरीद सकते|

इसलिए आपको ये बात समझनी होगी कि आपको पैसा और सेहत को बैलेंस करना होगा जब आपके पास पैसा आता है तो आपको अपनी फिटनेस पर भी ध्यान देना होगा ताकि आप ज्यादा समय तक हेल्दी रह सके, जब आप ज्यादा लम्बे समय तक हैल्दी रहेंगे तभी आप ज्यादा पैसा कमा पायेंगे जब आप ज्यादा पैसा कमाऐंगे तभी आप ज्यादा लोगों की मदद करेंगे, जब आप ज्यादा पैसा कमाऐंगे तभी आप ज्यादा घूमने के लिए दुनिया में जा सकते हैं।

मान लीजिये हम सभी के पास 24 घंटे ही है पूरी दुनिया में सबके पास यूज करने के लिए 24 घंटे ही है।अगर हम 1 घंटा रोजाना एक्सरसाइज करेंगे तो आपकी काम करने की कैपेसिटी बढ़ जाती है- जब आपके काम करने की कैपेसिटी बढ़ जाती है तो आप कम टाइम में ज्यादा काम करने लगते हो|

- एक्सरसाइज करने से आपकी बॉडी मजबूत होती है।
- एकसरसाईज करने से आपका ब्रेन मजबूत होता है।
- एक्सरसाइज करने से आप उर्जावान महसूस करते है पूरे दिन|
- एक्सरसाइज करने से आपका दिल हैल्दी रहता है|

• एकसरसाईज करने से आपके दिल और बॉडी की बीमारिया 90% कम हो जाती है|

अब आप ही सोच लीजीए कि अगर आप एकसरसाईज करेंगे तो आप ज़्यादा समय तक हैल्दी रहने वाले हो | बहुत से लोगों का सोचना ये है कि जब उनके सामने इंवेस्टमेंट की बात आती है तो वे यही सोचते हैं हैं कि इवेस्टमेंट का मतलब स्टॉक मार्केट है लेकिन में आपको बता दूँ कि जो भी चीज़ में आप टाइम पैसा लगाऐं, वे आपकी वेल्थ बनाए वही इंवेस्टमेट है|

इंवेस्टमेंट का मतलब केवल स्टॉक मार्केट में पैसा लगाना नहीं है | मेरे हिसाब से तो हर वे चीज इंवेस्टमेंट है जो आपको आपकी लाइफ को बेहतर बनाने में मदद करे यानी आपकी वेल्थ ग्रो करें ।

अब आप ही बताएँ कि अगर आप रोज़ाना एक्सरसाईज़ करेंगे जिसमें आपका लगभग 1 घंटा लग रहा हो जिसकी वजह से आप हैल्दी रहेंगे जिसकी वजह से आप ज्यादा टाइम तक काम करेंगे| अगर आप पहले से ही एक्सरसाज़ कर रहें तो आपको मेरी तरफ से बहुत बहुत शुभकामनाएँ | अगर नही तो आप आज ही मुझसे और अपने आपसे वादा करिये कि आप आज ही से एकररसाइज शुरू कर देंगे|

याद रखें अगर आपको लाइफ में कुछ बड़ा काम करना है तो आपको एक मजबूत बॉडी और एक मज़बूत ब्रेन की जरूरत पड़ेगी अगर आपकी बॉडी और ब्रेन मज़बूत नहीं है तो आप लाइफ में कुछ भी बड़ा काम नही कर सकते जब भी आपकी लाइफ में कुछ बड़ा फैसला लेने की बात आएगी तो आप घबरा जायेंगे इसलिए अपने आपको लगातार मजबूत बनाएं और

एकसरसाइज जरूर करें जिससे आपकी बॉडी और आपका ब्रेन मज़बूत बने |

कुछ याद रखने योग्य बातें:

1)रोजाना एकसरसाइज जरूर करें जिससे आपको अच्छी सेहत मिल सके रोजाना दो वर्क आउट जरूर करें अगर आपके पास टाइम कम है तो कम से कम 1 बार वर्कआउट ज़रूर करें|

2)वर्कआउट बॉडी बनाने और शॉर्टकट से बॉडी बनाने के लिए नही करे| अगर आप शॉर्टकट से बॉडी बनाने के लिए सप्लीमेंट और कैप्सूल टेबलेट का इस्तेमाल कर रहे है तो आप गलत कर रहे है ऐसा ना करें बल्कि अपने आपको फिट रखने के लिए वर्कआउट करें और नेचुरल खाने खाये ड्राई फ्रूट और फल सबाजियों का ज़्यादा यूज़ करें|

3)जब आप पैसा कमा रहे हो तो अपनी बॉडी का भी ध्यान यानी अपनी फिटनेस को बेहतर बनाने में टाइम लगाऐं यानी दोनो चीज़ो को पैसे और हेल्थ को बेलेंस बनाकर रखें|

4) याद रखें कि एक्सरसाईज़ करने से आपकी Body आपका माइंड मजबूत होता है और आप ज्यादा उर्जावान महसूस करते है आपका दिल हैल्दी रहता है और बिमारियां लगभग 90% कम हो जाती है|

5)आप जो भी टाइम अपने आपको बेहतर बनाने में लगाएँगे वो टाइम भी इन्वेस्टमेंट है? क्यों- क्योंकि आप भी टाइम अपने आपको हैल्दी रखने के लिए देगे उसकी वजह से ही आप ज्यादा टाइम हैल्दी रहने वाले है|

लगातार सीखते रहे और आगे बढ़ते रहें|

2. Team के साथ मिलकर पूरे दिन का target बनाकर टाइम पर काम करे |

Team बनाना हमारे Time को बचाने के लिए बहुत जरुरी है | हम सभी जानते हैं कि हम अकेले कुछ नहीं कर सकते लेकिन हम जब काम शुरु करते हैं तब हमें सारे काम खुद ही करने पड़ते हैं | लेकिन आपको अपने Business को बढाने के लिए लोगों को साथ लेकर चलना होगा जिसको हम Team बोलते हैं | बहुत से लोग अपने सारे काम खुद ही करना पसंद करते हैं जिसकी वजह से वह कभी आगे नही बढ़ पाते, मगर आप कोई Startup, Company शुरु करने जा रहे हैं उससे Related, सेमिनारों में जाए, उससे Related Books पढे |

दुनिया के जितने भी कामयाब लोग हैं वो सारे काम खुद नहीं करते बल्कि वो Team बनाते हैं और Team का सहयोग लेते हैं | जब आप Team बनाकर काम करते हैं तो आपके काम करने की स्पीड बढ़ जाती है | Time बचाने के लिए Team जरूर बनाएं ताकि आपके पास सोचने के लिए ज्यादा Time रहे | आज के Time में एक चीज़ जो मैने Note की है वो ये है कि बहुत से लोग की मानसिकता ये बनी हुई है कि वो 8 से 5 वाली जॉब कर रहे है - ऐसे लोगों का ध्यान बस इस चीज पर रहता है कि कब 5 बजे और उनकी छुट्टी हो ऐसे लोग जिंदगी में केवल गुजारा करने के लिए ही जिंदगी गुजारते हैं | बल्कि हमारी मानसिकता ये होनी चाहिए कि हमें Company से जो भी Salary मिल रही है Example:

मान लेते हैं कि आपको 20000 रूपये मिल रहे हैं आपको कोशिश करना चाहिए कि आप कैसे Company के लिए ₹25000 का काम कर सकते हैं जब आप Company के फायदे के लिए काम करेंगे | उसका फायदा आपको ये होगा कि जब आप Company के फायदे के लिए

काम करेंगे तभी company भी आपके फायदा और प्रमोशन के बारे में सोचेगी, और एक बात याद रखें, आप कहीं पर काम करें अगर आप ये सोचकर काम करेंगे कि मैं दूसरे का काम कर रहा हूँ तो आप कभी भी कामयाब नहीं हो सकते याद रखें जब भी आप किसी के पास काम करें हमेशा ये सोचकर काम करें कि मैं अपना काम कर रहा हूँ और पूरी जिम्मेदारी के साथ काम करें जब आप कही पर भी ये सोचकर काम करतें हैं कि मैं अपना काम कर रहा हूँ तो इस बात की काफी संभावना है कि आप उस व्यक्ति से ज्यादा कामयाब होंगे जिसने अपनी मानसिकता ये बनाई हुई है कि में दूसरे का काम कर रहा हूं|

अगर आपके पास भी Team है तो आपको एक बात याद रखनी चाहिए कि आपको अपनी Team के Members का ऐसा खयाल रखना चाहिए जैसे आप अपनी फैमिली मेम्बर्स का ख्याल रखते है |अगर बात टीम के सहयोग की है तो में आपको बता दूं कि Steve Jobs भी ऐसा ही करते थे वो अपनी Team को Tour पर ले जाते थे आप भी ऐसा कर सकते हैं कि आप भी अपनी Team को Tour पर भेज सकते है जिसकी वजह से आपकी टीम का Mind fresh हो और जिसकी वजह से आपकी Team वापस आकर काम को ज्यादा बेहतर तरीके से कर सके- जब आप अपनी Team को support करते है तो आपकी टीम काम को अपना समझकर करेगी, जिससे आपका बहुत सा Time बचने वाला है इतना याद रखें दुनिया के अंदर जितने भी कामयाब लोग हैं या जो भी छोटी बड़ी कंपनियां हैं सब Team का सहयोग लेने की वजह से हुई हैं |

Introduction

काम की दुनिया में एक Team का Role वैसे ही है जैसे Friends Group जो एक Important cheez को हासिल

करने के लिए एक साथ काम करते हैं| Imagine Karo कि आप और आपके दोस्तों ने मिलकर एक game खेलने के लिए

Team बनायी जिसमे हर कोई अपने Talent के साथ काम करते है जिसकी वजह से खेल मज़ेदार बन जाता है जिसकी

वजह से खेल जीतने के Chance बढ़ जाते हैं|

Definition

अब हम बात करेंगे Team ki Definition के बारे में- अब बात आती है कि Team क्या चीज़ है, Team तब होती है जब अलग अलग लोग, अलग अलग काम लेकर एक Common goal तक पहुंचने में मदद करते हैं यह एक ऐसा Puzzle है जिसमें हर चीज़ ज़रूरी है और जब वो साथ मिल जाते हैं तब जाकर वो अद्भुत चीज़ का रूप ले लेता है-

ऐसे Team में हर व्यक्ति का अलग Role होता है जैसे Puzzle Piece की अपनी जगह होती है जिसकी वजह से पूरी picture बन जाती है |

Importance

अब बात आती है की Teamwork इतना Important क्यों है?

जरा सोचिये कि आप खुद ही सबसे ऊँचे Block या Tower बनाने की कोशिश कर रहे हैं- लेकिन ये थोड़ा मुशकिल हो सकता है - और अगर गिर जाए तो आपको खुद हो सकता है उसे संभालना पड़ेगा लेकिन अगर आपके दोस्त आपको मदद करते हैं तो आप उस Tower को तेजी से बना सकते हो और अगर उसे बनाने में कोई Problem होती है तो सब साथ मिलकर उस Problem को Solve कर सकते हो | काम की दुनिया में goal को हासिल करना ऐसा ही है जैसे Tower बनाने का Teamwork काम को आसान और Enjoy करने में Help करता है-

जब लोग साथ काम करते हैं - यानी सब अपनी अपनी skills पर काम करते है | जरा सोचिये एक व्यक्ति organize करने में माहिर है- दूसरा लोगो से बात करने में माहिर है-तीसरा New Ideas देने में कमाल करता है -

जब ये सभी लोग अपनी अपनी Skills पर काम करते हैं तो वो एक सुपर HERO Team Ki तरह हो जाता है जिसमें हर Member अपनी Unique Power लेकर आती है | Teamwork सिर्फ काम को पूरा करने के लिए नहीं है यह भी

एक दूसरे से सीखाते है-ये ऐसा ही है जैसे Sports Team में आप साथ Practice करते है और Tips Share करते है |

Team Work में आप अपने Teammates से सीखते है और वो भी आपसे, जिसकी वजह से हर कोई अपने काम में बेहतर बन जाता है - जैसे एक दोस्तों का ग्रुप एक दूसरे के साथ Practice करके बेहतर प्लेयर्स बन जाते हैं | टीम वर्क ऐसा ही है जैसे मुश्किल Time में Cheer Squad हो, अगर आप कोई गेम खेल रहे हो तो आपके दोस्त आपको प्रोत्साहित करते हैं जिसकी वजह से आप Strong और Capable महसूस करते हैं | Teamwork में हर कोई एक दूसरे को Support करता है- जब कोई Low Feel कर रहा है या मुश्किल का सामना कर रहा है तो पूरी Team उसके साथ होती है, उसे Uplift करने के लिये या support करने के लिये एक Positive और Encouraging माहौल बनाते है

जिससे काम अकेला सफर नहीं बल्कि एक Shared Adventure लगता है |

एक Team एक ऐसा Group होता है जो Common goal तक पहुंचने के लिऐ एक सुपरहीरो Team ki तरह काम करता है जिसमें हर कोई अपनी Unique Power लेकर आता है| Teamwork काम को मज़ेदार, Tasks को और Success को और भी खुशी भरा बना देता है तो बस जैसे कोई Game या कोई Fun Activity में Team बनाकर सबको बेहतर बनाता है वैसे ही Work में भी साथ मिलकर हर कोई काम को Extraordinary बनाता है |

1. Improved Efficiency

Efficiency एक Team में होती है जैसे टीम अच्छे से मिस Rehearsed Dance - हर किसी के पास अपनी अपनी Steps होते हैं और जब सब मिल जाते हैं Performance कुछ खास होती है| चलिये देखते हैं

Teamwork का जादू काम मे तेजी कैसे लाता है:

Task Division

सोचो आपको एक बड़ा होम Work- Assignment मिला है लेकिन आप इसको अकेले करने के बजाय आप अपने दोस्तों के साथ मिलकर काम करते है हर दोस्त अपने अपने हिस्से का काम ले लेता है जिसकी वजह से सारा काम आसान हो जाता है, एक काम में Team बनाने से काम तेज़ी से हो जाता है |

Specialization

Specialization वैसा ही है जैसे आपके पास एक Super Hero की Power हो एक Team में एक इंसान अपनी खास ताकत या Skills के साथ काम में आता है बिलकुल वैसे जैसे एक दोस्त Drawing में माहिर हो दुसरा लिखने में और कोई Math में, जब सब अपनी-अपनी Strength पर ध्यान देते हैं तभी Magic होता है यह Specialization - Team को मज़बूत बनाती है जिसकी वजह से काम और भी बेहतर तौर पर हो जाता है Example: Avengers को याद करिये Iron Man चीजें बनाता है, Thor-Lightning संभालता है और Captain America - Lead करता है, अगर Iron Man Try करे Lead करना या Thor- Gadgets बनाने की कोशिश करे तो बिलकुल भी मज़ा नही आयेगा | लेकिन जब सब अपने अपने काम में लगे होते हैं तब यो एक Unbeatable force बन जाते हैं यही Situation काम में भी होती है जब हर कोई अपने अपने काम में लगा होता है, Efficiency काफी बन जाती है |

Har Ek Ko Apha Kam

Imagine करो क्रिकेट टीम में अगर Batsman, Bowling Try करें या Bowler को Batting तो खेल थोड़ा Out of control हो सकता है वैसे ही Team में जब हर कोई अपने Role में रहता है काम आसान हो जाता है - Labour का Division ensure करता है कि हर एक Team Member अपने Best Contribute करें जिसकी वजह से काम का Flow अच्छा बने |

Final Thoughts

Work के Grand Stage में Efficiency वो Spotlight जो Tasks को चमकता बना देती है Teamwork ensure करता है कि यह Spotlight Evenly Distribute हो |

Task Division

Task Division और Specialization एक साथ choreography का काम करते है जिससे Solo Act भी एक Group Performance बन जाता है - चाहे आप School Assignment के सामने हो या Work Project के लिए, याद रखो Efficiency एक अकेला काम नहीं है यह एक Team Effort है जहाँ हर कोई अपनी Unique Role Play करता है सफलता की और बढने के लिए |

2. Diverse Skill Sets

Teamwork की बड़ी दुनिया में, अलग अलग Skills का मिश्रण होना है| जैस-जैस अलग-अलग सुपर पावर के साथ सुपर हिरो का Group हो, चलिये समझते हैं कि Team में अलग-अलग Skills का होना क्यों Success का एक Secret Weapon हैं|

Imagine a Superhero Team

सोचो आप अपने दोस्तों के साथ एक Group में हो और हर एक दोस्त के पास एक खास Power है एक दोस्त सुपर fast हो, दूसरा Puzzles मे माहिर हो और कोई Fantastic Artist हो अब सोचो अगर आपको एक साथ Challenge Face करना पड़े, हर किसी की अलग अलग Abilities का Combination आपको और आपको Team को Unstoppable बनायेगा, Work Team में यह Similar है हर कोई अपनी खास Skill लेकर आता है|

Making the Team a powerful Force

Team एक अलग अलग Puzzle Pieces की तरह होते हैं जो हर एक एक Complete Picture बनाने में मदद करते हैं Team में लोग अलग

अलग skills रखते हैं कुछ लोग चीजें Organise करने में माहिर होते हैं, जबकि कुछ बढ़िया Communications वाले होते हैं| हर एक अपने तरीके से Important है, यह Diversity Team को मज़बूत बनाती है क्योंकि वो सिर्फ एक Skill पर निर्भर नहीं है ब्लकि सब अपनी अपनी Power का Use करके एक गोल तक पहुंचते है |

Everybody's a Hero

अपनी Favourite सुपरहीरो Movie को याद करो - अगर सभी Heroes मे Same Power होती तो कहानी ज्यादा दिलचस्प नहीं होती लेकिन जब हर हीरो कुछ अलग लेकर आता है तभी असली Magic होता है | Team मे भी यही बात है - जब सबके पास अलग-अलग Skills होती है- फिर वो एक सुपर हीरो Team की तरह होती है- हर कोई अपने तरीके से एक हीरो होता है जो Mission में कुछ खास Contribute करता है |

Problem Solving Avengers

अब चले problem solving की बात करते है, जरा सोचो आप कोई Tricky Puzzle Solve कर रहे हो, अगर आपकी Team एक ही तरीके से सोचे तो आप रुक जाओगे, लेकिन अगर हर एक अपने अपने Angles से Problem solve करे तो आपको काफी Help मिलेगी | Work Team में अलग अलग Perspectives के साथ लोगों का होना वैसा ही है जैसे

Problems Solving Avengers का Group हो वह challenges को अलग अलग Angles से Tackle कर सकते हैं जो Creative और Innovative Solutions तक आसानी से पहुँच सकते हैं |

Innovation in Variety

Variety life का spice है | कहते हैं Team में यह innovation के लिए एक Secret Recipe है, जब अलग अलग Skills और Background के लोग एक साथ आते हैं वो एक नया आईडिया लेकर आते हैं यह एक Dish बनाने की तरह है| युनिक मिश्रण के साथ Perspectives का Mix Success के लिए एक रेसिपी बनाता है जिसकी वजह से Team एक Innovation सोच का हब बन जाता है |

Final Thoughts

Team में अलग अलग skills का होना इतना Important क्यों है? वह ऐसे है जैसे एक Dream Team of Superheroes बनाने का हर कोई कुछ खास लेकर आता है और वह एक साथ एक force बनाते हैं जो किसी से भी टक्कर ले सकता है Problem Solving से लेकर Innovating तक Team में Skills की वैरायटी एक challenge को Overcome करने और नयी सफलता के शिखर तक पहुँचने की चाबी है, एक ईसान जो कुछ कर सकता है उससे ज्यादा यह Team है जो अपनी-अपनी सुपर पावर के साथ चीज़ों को हासिल कर सकती है|

जरा सोचो आप और आपके दोस्तों को मिलके कुछ Painting बनाने का mood हो, आप आईडिया देने लगते हो शायद थोडी मस्ती करती है और आखिर में एक Master Piece बन जाता है एक टीम में यह creative पार्टी Brainstorming कहलाती है यह वह होता जब सब अपने Unique आईडिया contribute करते हैं तो एक अलग ही

रिज़ल्ट आता है जो एक इंसान के विचार से ज़्यादा दिलचस्प होता है |

टीम ऐसे ही होती है जैसे Creative Playground हर कोई अपने Ideas लेकर आता है बिलकुल जैसे कोई अलग अलग खिलोने लेकर खेल के मैदान में आये होते हैं शायद किसी को रंगों के बारे में आईडिया हो किसी को shapes के बारे में और किसी को कुछ funny बनाने का, जब यह Ideas एक साथ खेलते है तो कुछ Extraordinary बन जाता है

Teamwork वह जगह बनाता है जहाँ Unique और Awesome आइडिया पैदा होते हैं |

अगर आपके पास एक ही color होता print करने के लिए अच्छा होता लेकिन इतना दिलचस्प नहीं होता जितना कई रंगों के इस्तेमाल करने में होता है एक Team में हर इंसान अलग रंग की तरह होता है, जब वह अपने Imagination के रंग मिक्स करते है वह एक Vibrant Masterpiece बनाते हैं |

कुछ पल के लिए सुपर हीरो के बारे में सोचो अगर सबके पास एक ही सुपर पावर होती तो कहानी में मज़ा नही आता लेकिन जब सबके पास Unique पावर होती है जिसकी वजह से एक अलग ही Adventure बन जाता है एक Creative टीम में हर कोई थोड़ा सा सुपर हीरो होता है हर किसी के पास अपनी Creative सुपर पावर होती है और जब वह मिलकर काम करते है तो Team आइडियाज का ऐक पावर हाउस बन जाती है|

Idea Soup

अब बात करते हैं अलग अलग दृष्टिकोण को मिलने की वह कुछ सामग्री डालने की तरह होता है अगर हर सामग्री का जायका same होता तो soup थोड़ा भी Tasty ना होता लेकिन जब अलग अलग फ्लेवर्स मिल जाते हैं तो सूप थोड़ा

जायकेदार और दिलचस्प हो जाता है, एक Team मे अलग-अलग नज़रिया का मिक्स idea सूप बनाने की तरह होता है जिसमें हर इंसान एक यूनिक Flavour लाता है जिसकी वजह से दिलचस्प और सवाद से भरपूर मिक्स्चर बन जाता है|

जैसे कि puzzle pieces को मिक्स और मैच करके एक यूनिक Picture बनती है वैसे ही एक टीम में अलग अलग नजरिये को मिलाकर युनिक आइडियाज़ बनते है जब लोग अलग अलग अपने विचार शेयर करते है तो वह एक अलग ही काम करते हैं आखिर मे जो रिज़ल्ट आता है वह हमें आश्चर्य चकित कर देता है| टीम वर्क प्रोडक्टिविटी के लिए क्यूँ गेम चेनजर है वह एक ऐसा तरीका है जैसे दोस्तों का Group जो आपको आपके task पूरे करने में आपकी मदद करता है, बोझ बाँटने से लेकर Motivation और हौसला बढ़ाने तक, Team work काम को एक Group Adventurer में बदल देता है, टीम वर्क सच में काम को ड्रीम बनाता है |

Better problem solving

सोचो आप एक मुश्किल Puzzle के सामने फस गये हैं यह challenging है और आप अकेले उसे Solve नही कर सकते, अब सोचो आपके चारों तरफ एक दोस्तों की टीम है अब सब मिलकर उस Puzzle को crack करने की कोशिश कर रहे है थोड़ा सा टीमवर्क के बारे में सोचो जो समस्या समाधान को ज़्यादा दिलचस्प और सफलता से भरा बना देता है

चलिये देखते हैं कि कैसे एक टीम का हिस्सा होने से समस्या समाधान एक अनोखा सफर बन जाता है| बहुत सारे दिमाग़ की शक्ति सोचो हर किसी के पास अलग अलग टेलेंटस है कोई Math में माहिर है, कोई Drawing में और कोई कहानी सुनाने में अब आप सोचो अगर इन सभी Talents को एक जगह करके किसी बड़ी Problem को Solve किया जाऐ तो problem आसानी से solve हो सकती है| Collective Intelligence का मतलब होता है- बहुत सारे दिमाग़ की Power का use करना जब एक टीम अपनी अकल और समझदरी को मिलाकर किसी Problem को solve करते हैं तो वह एक Dream Team बन जाती है जो किसी भी चीज़ को पूरा करने के लिए तैयार रहती है |

Team Brainstorming

ज़रा आप सोचो आप एक मज़ेदार गेम बनाने की कोशिश कर रहे हैं अगर यह सिर्फ आपका काम है तो Ideas सिमित रह जाते हैं लेकिन अगर आप अपने दोस्तों को साथ लेकर Brainstorming शुरू करते हैं तो अचानक से कई नये गेम आइडियाज आ जाते हैं एक Team में Brainstorming एक Creative फतेह होती है जब हर कोई अपने विचार डालता है | तो वह एक सोचने का और ज्यादा दिलचस्प Ideas का पुल बनता है जो सिर्फ एक आदमी के दिमाग में नहीं आ सकता |

अलग नजरिया

आप एक खूबसूरत Painting को देख रहे हो अगर आप उसे सिर्फ एक Angle से देखते हो तो कुछ खास जानकारी MISS हो जाती है लेकिन वही अगर आपकी Team अलग अलग तरह से देखते हैं तो आप कुछ

नई चीज़े Notice करते हो, एक Team का यही फायदा है कि हर कोई अपने अलग नज़रिये से देखता है यही नज़रिया Problem को solve करने के लिए अलग- अलग लेंस जैसे काम करता है जिसकी वजह से टीम को यह फायदा होता ही है कि वो सभी side देखने की वजह से बेहतरीन Solution निकालते है |

Team Discussions

सोचो आपके दोस्त बात चीत कर रहे हैं कि कौनसी Movie देखनी है किसी को एक्शन पसंद है, किसी को comedy बातचीत के बाद आप सब एक ऐसी Movie पर agree करते हैं जो सबके लिए Enjoyefull हो, एक team में बातचीत ऐसे ही काम करती है जब Team मेमबर्स अपने विचार शेयर करते हैं तो वह अलग बातचीत सोल्यूशन तक पहुंचते है |

सोचो आप अपनी Team के साथ किला बनाने में Busy हो जब सब मिलकर काम करते हैं जिसकी वजह से किला मज़बूत और अद्‌भुद बन जाता है, एक Team में Collaboration मज़बूत समस्या समाधान का रास्ता बनाते हैं | जब लोग अपनी कोशिश को मिलाकर काम करते हैं तो वह समाधान create करते हैं जो ज़्यादा असरदार और strong होते है| Teamwork एक व्यक्ति के Idea को collective समस्या के समाधान का Powerhouse में बदल देता है |

तो क्यों Teamwork समस्या समाधान के लिए एक Game Changer? यह ऐसे हैं जैसे आपके दोस्तों की एक टीम जो आपके एक मुश्किल puzzle solve करने में मदद कर रही हो Collective, Intelligence से लेकर Brainstorming और अलग नज़रिये का भरपूर इस्तेमाल| Teamwork समस्या समाधान को एक अनोखे अनुभव में बदल देता है यह सिर्फ सोल्यूशन ढूढ़ने के बारे में नहीं है, यह अलग Angle को Explore करने और सच में सही रास्ता निकालने के बारे में हैं |

Conclusion

एक टीम का हिस्सा होना ऐसा ही है जैसे कुछ दोस्तों का साथ जो एक साथ मिलकर हर चीज को और भी अच्छा और मज़ेदार बना देते है|

Team काम को एक Shared Adventure बनाते हैं जहाँ हर मेम्बर अपनी यूनिक ताकत और Ideas Contribute करता है, चाहे काम का Division हो For Lighter Tasks अलग अलग Skills का मिश्रण हो for Efficiency या फिर Brainstorming हो मोर Creative Solutions Teamwork, Ordinary काम को Extract Ordinary Achievements में बदल देता है| साथ में Team एक Positive environment बनाते हैं जहाँ Motivation encouragement Productivity को Boost करने का Secret मिश्रण है| Challenges को Conquer करके Shared Victories को Celebrate करना Teamwork सच में काम को dream बनाते हैं| टीम की दुनिया में हर आदमी एक सुपर हीरो है अपनी खुद की सुपर पावर के साथ|

अपने पूरे दिन का टारगेट बनाऐं

जब हम पूरे दिन का टारगेट बनाकर चलते हैं तो हमें Clearty मिल जाती है। अगर आप किसी जॉब में है तो अपने उठने से लेकर सोने तक के सभी कामो की लिस्ट बनाएं आप क्या क्या काम करते हैं और हर रोज़ कम से कम एक घंटा किसी नयी स्किल्स को सीखने में जरूर लगाऐं| जब आप रोजाना अपने पूरे दिन की लिस्ट बनाएंगे तो आप देखेंगे कि आपके अंदर बदलाव आने शुरू हो जायेंगे|

और अगर आपका अपना काम है या आप किसी भी लेवल पर ही चाहे आप कोई स्टार्ट अप ही शुरू कर रहे हो या आप स्टुडेन्ट हो या आप किसी भी लेवल पर हो इससे कोई फर्क नहीं पड़ता।

लेकिन जो काम आप पूरे दिन करते है उनको एक पेपर पर लिखने के लिए 5 मिनट का टाइम जरूर निकाले। जब आप 5 मिनट अपने पूरे दिन के कामों को करने के लिए निकालते हैं और उन कार्यों को लिख लेते है तो आपको पता चल जाता है कि आपको क्या क्या काम करने हैं और क्या नहीं करना है और जब आप अपने पूरे दिन के कामों को लिखें, उनको ऐसे लिखें- जो सबसे जरूरी है उसको सबसे ऊपर लिखें जो आपको करने ही करने हैं और जो ज़रूरी नहीं जिनको करने ना करने से आपको कई टेंशन नहीं होगी उनको सबसे नीचे लिखें|

जब आप अपने सभी कामों को लिखते है उसके बाद उन पर STEP BY STEP ACTION ले | और फिर शाम को अपने जो भी काम लिखे उनको देखो कि आपने कितने काम पूरे कर लिए उसके हिसाब से अपने आपको नंबर दे | ऐसे ही आपको रोज़ाना सुबह को या रात को अपने अगले दिन के कामों की लिस्ट बनाकर एक्शन लेना है | जब आप अपने कामों को नहीं लिखते तो आपको साफ पता नहीं रहता की आपको कोन कोन से काम करने है और कोन कोन से काम नहीं, करने जिसकी वजह से आपको परेशान होना पड़ता है |

बहुत से लोग सुबह उठते है और उनके दिमाग में बहुत सारे विचार चल रहे होते है और वह जल्दी में कामों को करना शुरू कर देते है और शाम को उन्हें पता चलता है की उन्होंने बहुत सारे कामों को पूरा भी नहीं किया है जिसकी वजह से वो तनाव में रहते है और जब आप तनाव में रहते हे तो आपको गुस्सा भी आ जाता है जिसकी वजह से आप चिड़चिड़े रहते है और जब आप तनाव में गुस्से में और चिड़चिड़े रहते है तो आपके रिलेशन पर भी फर्क पड़ता है जिसकी वजह से आपके दोस्तों और आपके बीच में दूरियां बढ़ती है, जिसकी वजह से आप गलत फैसला ले सकते है और गलत फैसला लेने की वजह से आपको दुखी होना पड़ सकता है |

मैं आपको बता दूँ कामयाब अदमी कोई अलग काम नहीं करते , वो तो केवल अपने सभी कमो को बेहतर तरीक़े से करते है जैसे कि मैंने पहले भी आपको बताया कि हम सबको यूज करने के लिए 24 घंटे ही मिलते हैं, हम उन 24 घंटे को कैसे युज करते है यानी हम उन 24 घंटे को किस तरह इस्तेमाल करते हैं यही तरीक़ा हमारी जिंदगी का फ़ैसला करता हैं |

अगर आप कामयाब लोगो की तरह अपने समय का मैनेजमेंट शुरू करेंगे तो कामयाब बनेगे | अगर आप नाकाम लोगो की तरह अपने टाइम को बर्बाद करेंगे तो आप नाकाम बनेगे | याद रखे अगर आपने खेती के लिए कोई ज़मीन ली और आप उस पर मेहनत नही करेंगे तो वे ज़मीन आपको कुछ नही दे पाएगी | आपको उस पर मेहनत करनी होगी जब आप उस पर मेहनत करेंगे तभी वे आपको आपकी मेहनत का फल देगी |

अगर आपको उस ज़मीन में कोई फसल लगानी हैं और आप सही समय पर फसल लगाते हो और उसकी देखभाल करोगे तभी आप उस फसल को काट पाएंगे | अगर आपने उसमे कोई फसल नहीं लगाईं तो आपको कुछ भी नहीं मिलेगा और

उसमे घास वगेरा जो आपको पसंद नहीं है वो उसमे अपने आप पैदा हो जाएगी |

ऐसे ही हमारी जिंदगी है अगर हमने सबने अपने आपको बेहतर बनाने के लिए मेहनत नहीं की और अपने आपको बेहतर नही बनाया तो हमारे अंदर भी बहुत सारी बुराइयाँ पैदा हो जाएंगी |याद रखें जो आप बोएंगे वही आप काटेंगे अगर आप गेहूँ बोएंगे आप गेहूं ही काटेंगे जो चीज़ आप बोएंगे वही आप काटेंगे ऐसे ही हमारी जिंदगी है हम जो भी काम करते हैं वही बनते हैं और आप जो भी बनते हैं उसी नाम से आपकी पहचान बनती है किसमत के भरोसे ना बैठे | जो लोग किस्मत के भरोसे बैठे रहते हैं वो जिंदगी में कुछ भी नही करते ना वो अपना भला कर सकते हैं और जो लोग अपना ही भला ना करें वो दूसरी की भलाई के बारे में क्या सोचेगा।

इस दुनिया के अंदर जितने भी बदलाव हुए है वो सब के सब मेहनत की ही वजह से हुए हैं- अगर इस दुनिया के अंदर लोग मेहनत ना करते जिन लोगों ने अपनी पूरी पूरी ज़िन्दगी इस दुनिया के अंदर बदलाव के लिए लगा दी तो हम सोच भी नहीं सकते कि इस दुनिया का वजूद किया होता। अगर लोग मेहनत ना करते, किस्मत के भरोसे बैठे रहते और हम सोचते हैं कि जो किस्मत में होगा मिल जाएगा । हम सबका जन्म इस दुनिया में जो हुआ है वे किसी ना किसी काम के लिए हुआ है किस्मत के भरोसे ना बैठें आगे बढ़ो और हार ना मानो जब तक आपको आपका उद्देश्य न मिल जाए ।

टाइम पर काम करे

टाईम पर काम करना बहुत जरूरी हैं। टाईम पर काम न करने की वजह से लोग तनाव में रहते हैं। जो लोग टाइम पर काम करते हैं। वो अपने

Past को लेकर कभी दुखी नहीं होते। जो लोग Past को लेकर दुखी रहते हैं इसकी केवल एक ही वजह है कि उन लोगों ने टाइम पर काम नही किया जिसकी वजह से वो तनाव में रहते है।

अब इसका solution क्या है?

हमें चाहिये कि हम अपने Present यानी वर्तमान को सही और पूरा इस्तेमाल करे ताकि Future में हम तनाव मुक्त रह सके | टाइम पर काम न करने की वजह से कैसे। 1 मिनट देर होने की वजह से हमारा 1 घंटा खराब हुआ।

मै और मेरा एक दोस्त हम दोनो एक बार कहीं जा रहे थे। हमारी ट्रेन प्लेटफार्म न 3 पर आनी थी। मै प्लेटफार्म न 3 पर पहुँच गया था और मेरे दोस्त पलेटफार्म न 1 पर थे और तभी हमारी ट्रेन आ गयी लेकिन इसे जब तक मेरे दोस्त मेरे पास पहुँचे वो ट्रेन जा चुकी थी और मुझे याद है कि अगर मेरे दोस्त मेरे पास 1 मिनट पहले आ जाते तो हम उस ट्रेन में चले जाते। लेकिन जिस ट्रेन में हमें जाना था उसका टाईम 6-55 PM पर था और जहाँ हमें पहुंचना था वहां हम 6-55 वाली ट्रेन से - लगभग 7-25 PM पर पहुँच जाते | लेकिन 6-55 वाली ट्रेन छूटने की वजह से हमें अगली ट्रेन का इंतज़ार करना पड़ा और हमारी अगली ट्रेन 7-25 PM पर आयी और हम उस ट्रेन में चल दिये और जहाँ हमे जाना था हम वहाँ 8-30 PM पर पहुँचे अब आप जान गये होंगे कि कैसे एक मिनट लेट होने की वजह से हम लेट पहुंचे वो भी पूरे एक घंटा |

बहुत से लोग यही गलती करते हैं कि काम को टालते रहते है उस टालमटोल और लापरवाही की वजह से उनका कितना नुकसान हो रहा है उन्हें बिल्कुल भी अंदाजा नहीं होता। कामयाबी का सबसे बड़ा फार्मूला यही है कि काम को टाईम पर करे !

जैसा कि मैने शुरू मे बताया था कि जो लोग अपने वर्तमान (Present) का सही इस्तेमाल करते हैं। वो Future में Past को लेकर दुखी नहीं होते। सही टाइम पर सोये और सुबह जल्दी उठें। मैं बात कर रहा था टाईम पर काम करने के बारे में मान लीजीये आप रात को 10 बजे सोते

हैं और सुबह 5 बजे उठते हैं तो आप Energetic महसूस करते हैं।.अगर आपने सोने और उठने का टाईम Fixed कर दिया तो आप देखेंगे कि आप अपने कामों को सही time पर करने लगते हो। अगर आप सोच रहे हैं कि 7-8 घंटे की नींद काफी है तो आपकी सोच ठीक है लेकिन अगर आप ये सोचते हैं कि रात को 12 बजे या 1 बजे सो कर आप सुबह 8 या 9 बजे उठ जायेंगे तो ये आपकी घटिया सोच हैं।

अगर कभी कभी ऐसा होता है तो ठीक है लेकिन अगर रोजाना देर से सोने और और देर से उठते है यानी सूरज निकलने के बाद तक सोते हैं तो याद रहे ये देर से सोना आपकी शुगर को दावत दे सकता है और देर से उठना यानी सूरज निकलने के बाद तक सोना आपके अंदर आलस्य पैदा करता है।

लगातार सीखते रहे और आगे बढ़ते रहे |

3. आलस वाले कामो से बचे |

अपने Comfort Zone से बाहर निकले, याद रहे अगर आप बहुत से Target बनायेंगे और अपने सभी Target पर काम करेंगे तो इस बात की काफी संभावना है कि आप एक भी Target को Achieve नहीं कर पाएँगे |

मान लीजिए आप अभी जैसी Life जी रहे हैं, और आप उसमें नई Habits को जोड़ते हैं जैसे जिम जाना या Running करना या नई Skills सीखना और नई Language सीखना या कोई और नया Target बनाना |

अगर आप बहुत सारे Target बनाकर काम करेंगे तो इस बात की काफी संभावना है कि आप शयाद एक भी Target को Achieve न कर पाए |

इसलिए अगर आप gym join करते हैं तो सबसे पहले कम से कम 6 महीने gym करें, उसके बाद दूसरे Target पर Action लें बहुत से लोग यही गलती करते हैं कि कोई मोटिवेशनल विडियो देखकर एक दम से Active हो जाते हैं और वो अपनी लाईफ को लेकर सीरियस हो जाते हैं, और वो बहुत सारे goal बना देते हैं, वैसे अपनी Life को लेकर सीरियस होना कोई गलत बात नहीं है, वैसे ये ग़लती मैंने भी की थी लेकिन आपको मैं हकीकत बताऊँ कि मैं एक भी काम को Perfect तरीके से नहीं कर पा रहा था, उसके बाद मैंने फैसला किया कि जो भी काम मेरे लिए ज़रूरी है मैं उन कामो को करूँगा |

जब आप लगातार किसी काम को करते हैं तो ये लगातार काम करना आपकी आदत बन जाता है, अपने अवचेतन मन का प्रयोग करके अपने comfort zone से बाहर निकले | मान लेते है आप रोजाना सुबह 6 बजे सोकर उठते हैं, और अगर आपको कही जाना है और आपको पता हो कि आपकी सुबह 4 कि Flight है तो आप रात को ये फ़िकर लेकर सोते हैं कि सुबह 4 बजे आपकी Flight है, मान लजिये अगर आपको 3 बजे उठना हैं आप ये फ़िकर लेकर सोते हैं कि आपको 3 बजे उठना हैं तो ये

मैसेज आपके अवचतेन मन तक चला जाता है जिसकी वजह से आपको 3 बजे उठना आसान हो जाता है |

पता है,आपको ऐसा क्यों होता है ?

ऐसा इसलिए होता हैं क्योंकि जो रात को आप फ़िक्र लेके सोए थे वो मैसेज आपके अवचेतन मन तक पहुँच जाता है| वहीं अगर आप इसके opposite देखें कि जो लोग यानी जिन लोगों की Sunday की छुट्टी रहती है, उनको Saturday की रात को फिक्र नहीं होती अगर वो रोज़ 6 बजे उठते हैं तो अधिकतर ये बात सामने आई है कि Sunday वाले दिन वो 9-10 बजे तक सोते रहते हैं जिसकी वजह से उनके अंदर आलस्य पेद होता हैं |

इसलिए आप भी Saturday की रात को Sunday की योजना बनाकर सोये | अपने कम्फर्ट ज़ोन से बाहर निकलने के लिए थोड़ा मुशकिल काम करें |

अगर आप अपनी Capacity से ज्यादा काम करेंगे तो इस बात की काफी संभावना है कि आप उस काम को मुशकिल ही पूरा कर पाएँगे और फिर क्या होगा आप निराश हो जायेंगे और जब आप थोड़ा मुशकिल काम करते हैं और उसे पूरा कर लेते हैं तो आपको आगे काम करने की प्रेरणा मिलती है |

याद रखें बहुत सारे Target पर काम करने के बजाय एक Target पर काम करें यानी सबसे पहले जो आपके लिए Important है उस पर ध्यान केंद्रित करें और अपनी उर्जा पूरी की पूरी उस काम पर लगा दे जिससे आप अपने

Target जल्दी Achieve कर ले |

अगर आप कोई कम्पनी चला रहे है तो आपको चाहिए कि आप सबसे पहले उस Company को पूरे Perfect तरीके से चलाएं, उसके बाद आप दूसरी Company से बारे में सोच सकते हैं, यहाँ में आपको 3 बातें बताना चाहूँगा:

1. याद रहे कि जो काम आसान होता है उसमें आपको बोरियत होने लगती है |

2. और जो काम Challenging होते हैं उन कामों को आप Flow में करते हो |

3. जो काम आपकी Capacity के बाहर होते हैं उन कामों में आपको चिंता होने लगती है इसलिए अपने Comfort Zone से बाहर निकलने के लिए थोड़े Challenging कामों को करना शुरू करिये |

जब आप ऐसा करते हैं तो आप थोड़ी बहुत परेशानी के साथ उन कामों को पूरा कर लेते हैं, जिसकी वजह से आपको आगे भी काम करने की प्रेरणा मिलती है और जब आप अपनी Capacity से बाहर के कामों को करते हैं तो उस काम में आपको चिंता होने लगती है | देखो चिंता थोड़ी बहुत ठीक है लेकिन यही चिंता मगर हर रोज़ होने लगे , तो ये आपकी Energy,Time, सवास्थ्य सबको बर्बाद करने लगती है | मै आपको बता दूँ जब आप रोज़ चिंता साथ जीते हैं तो आपके चिंता करने की वजह से आपका Blood Pressure बढने लगता है जिसकी वजह से आपके दुनिया से जल्दी जाने की संभावना बढ़ जाती है, पता है जब आप हर रोज चिंता के साथ जीते हैं तो आपकी Body ऐसी हो जाती जैसे लकड़ी को अंदर से दीमक खाती है- इसलिये चिंता छोड़ो सुख से जिओ, जो करने वाले काम है उन कामों को करिये याद रखे दुनिया के अंदर ऐसी कोई प्रॉबलम नही जिसका Solution नही और जिस चीज का Solution नही, वह कोई problem नहीं |

लेकिन मै आपको बता दूँ कि जिस Problem का कोई solution नहीं और आप उस problem को solve कर देते हैं और वो Problem भी इस लेवल की हो कि आप अपनी country में और दुनिया में उस Problem के Solution को पहुँचा सकते हैं तो आपका नाम इतिहासकारों में लिया जायेगा |

मैं यहाँ खाना खाने की बात इसलिए कर रहा हूँ कि खाना सही खाना और सही मात्रा में खाएं, अगर आप खाना सही मात्रा में नहीं खायेंगें तो आपके

अंदर कमज़ोरी पैदा होगी और अगर आप खाना लिमिट से ज्यादा खाएंगे तो आपके अंदर आलस्य पैदा होगा इसलिए ज़रूरी है कि खाना सही मात्रा में ले जिससे आपको काम करने के लिए ऐनर्जी मिल सके -

अधिकतर बिमारियों जो पैदा होती हैं वे खाना ज्यादा खाने की कारण ही पैदा होती है और गलत तरीकों से खाने के कारण ही पैदा होती हैं। आजकल हम देखते हैं कि फास्ट फूड और रेडीमेड खाने के कारण भी अधिकतर लोग बिमार होते हैं। ज्यादा खाना खाने से हमारा पेट भी खराब रहने लगता हैं और मैं आपको बता दूँ कि अधिकतर बिमारिया पेट खराब रहने के कारण ही होती है।

और आजकल में देखता भी हूँ कि बहुत से परिवार के लोग अपने बच्चों के खाने पर बहुत जोर देते हैं जिसकी वजह से कम उम्र में बच्चों का वज़न बढ जाता है यानी वो बच्चे मोटे हो जाते हैं और कम उम्र में ज़्यादा वजन बढ़ने की वजह से बच्चों का दिमाग़ कुनद हो जाता है यानी वो बच्चे जो भी याद करते हैं उनको अपना स्कूल का काम याद करने भी में परेशानी उठानी पडती है यानी उनको अपना काम याद नहीं रहता।

लेकिन याद रखें स्कूल जाते टाइम बच्चों का ज़्यादा खाना खिलाने से परहेज़ करें आप अपने बच्चों को स्कूल जाते टाइम पीने के लिए दूध दे सकते या बादाम दे सकते अगर हम खाना खाने के बाद कोई भी दिमाग का काम

करते हैं वे आसानी से नही होता इसलिए कोई भी दिमागी काम करने से पहले कम से कम 30 मिनट पहले भोजन कर ले जिससे आप Active रह सकें|

आजकल में मैं देखता हूं की फास्ट फूड का क्रेज़ इतना बढ़ गया है - कि लोग शाम होते ही मर्किट में खाने के लिए निकल जाते हैं जैसे चाउमीन, बर्गर, मोमो वगैरह मेरा Motive किसी के खिलाफ जाना नहीं है, मेरा Motive तो लोगों को ये बताना है कि कौन सी चीज़े आपके लिए नुकसान का कारण है और कोनसी चीज़े फायदे का कारण है।

• याद रखे जो चीजें आप अपने दांतों से आसानी से नही चबा सकते उसको हजम करने के लिए पेट को बहुत परेशानी होती है |

• याद रखें जितनी कम उम्र में आप अपने वज़न को और खाने की लिमिट को कंट्रोल कर लेंगे आपके लिए उतनी ही आसानी होगी |

• क्योंकि अगर आपने खाने की लिमिट को कंट्रोल कम उमर में ही कर लिया तो आपके लिए बहुत सी आसनियाँ पैदा हो जाएंगी |

• फास्ट फूड से, ज्यादा खाने से और बुरी लतों से बचें |

Smoking

बुरी लतों से बचकर अपना टाईम बचाकर अपने आपको बेहतर बनाये | बुरी लतें जैसे सिगरेट पीना जब हम सिगरेट पीना शुरू करते हैं तब तो हमारे यार दोस्त हमें सिगरेट पिलाते लेकिन जब हम उसके आदि हो जाते हैं फिर हमें दोस्तों को भी पिलानी पड़ती है-

इसको आप ऐसे समझें - एक लड़का है जो रोज़ाना 100 रूपये सिगरेट और गुटखों में खर्च करता है जिसके हिसाब से वे हर महीने 3000 रुपये यानी साल में लगभग 36000 खर्च होते हैं और मैं देखता हूँ कि वे पिछले 10 साल से इसमें इन्वॉल्व है अब आप देखें कि अगर वे 100 रुपये खर्च करता है जाहिर सी बात है कि वो सिगरेट पीने और गुटखे खाने में रोज़ाना लगभग 2 घंटे भी लगाता होगा।

अब आप देखें कि अगर रोज़ 2 घंटे लगे तो साले में 700 घंटे ख़राब हुए। दूसरी लत शराब है जिसकी वजह से अधिकतर बुराइया जनम लेती हैं मैने देखा अधिकतर डिवोर्स जो हुऐ है वे शराब पीने की वजह से हुऐ है जब कोई भी व्यक्ति नशे की हालत में होता है उसे कुछ भी खबर नहीं रहती कि कोन बड़ा है, कोन छोटा है | नशे की हालत में इंसान की अकल जाती रहती है। शरब पीने में भी दो चीजें बर्बाद होती है एक है - पैसा, दूसरा - टाइम और इन चीजों के यूज़ करने की वजह से इंसान की शरीर को जो नुकसान होता है वह अलग है |

सिगरेट पीना आज के दौर में फैशन बन चुका है। अधिकतर फिल्मो मे भी हीरो को सिगरेट पीते हुए दिखाते हैं हालाँकि फिल्मो का Motive लोगों की जिंदगी में साकारात्मक बदलाव लाना है । लेकिन आज के दौर में फिल्म इंडस्ट्रीज में बहुत बदलाव हो चुके है जिसकी वजह से आज के दौर की जनरेशन को अधिकतर गलत मैसेज जा रहा है। अधिकतर फिल्मों में लोगो को सिगरेट पीते हुऐ और शराब पीते हुए दिखाते हैं, जिससे आज के दौर की जनरेशन को लगता है कि ये भी जिंदगी का हिससा और स्टाइल है। लेकिन असल में फिल्मों में दिखाये गये बुरे किरदारो की हकीकत तक कोई ही पहुँच पाता है।

जब आदमी सिगरेट पीता है उससे बहुत तेज़ी से फेफड़े खराब होने लगते हैं और सिगरेट पीने की वजह से कैंसर की संभावना बढ़ जाती है जब सिगरेट को जलाया जाता है उसमें से बहुत सारे ऐसे तत्त्व निकलते हैं जिसकी वजह से कैंसर पैदा होता है। सिगरेट पीने वाले लोगों का अधिकतर दिमाग तभी एक्टिव होता है जब वे सिगरेट पीते है।

सिगरेट पीने की वजह से हार्ट प्रॉब्लम बढ़ जाती है यानी हार्ट अटैक का खतरा बढ़ जाता है। सिगरेट पीने वाले अधिकतर लोगों की सांस लेने में बहुत ज्यादा तकलीफ़ होती और जब सांस लेने में प्रॉब्लम होगी तो आप अपनी लाईफ़ को बेहतर कैसे बना सकते हैं।

अब बात आती है कि सिगरेट कैसे छोड़े?

मान लीजिए कि आप रोज़ाना 8 सिगरेट पीते हैं तो आप एक हफते के लिए 1 सिगरेट कम करदें और हर हफ़्ते 1 सिगरेट कम करते जाए, जब आप 1 सिगरेट पर आ जाए तो उसके बाद दो दिन में एक और उसके बाद तीन दिन में एक, ऐसे ही इसको लास्ट में खतम करदें-

इस तरीके से बहुत लोगों ने छोड़ दी | अब सोचें कि जो पैस आप सिगरेट पीने पर खर्च करते थे आप उसको अपनी लाइफ को बेहतर बनाने में खर्च करें |

मान लीजिए अगर कोई शख्स साल में 30-40 हजार रूपये और 500-600 घंटे सिगरेट गुटखा और शराब से हटाकर अपनी लाइफ को बेहतर बनाने में खर्च करता है एक साल में ये शख्स बहुत आगे जायेगा |

सावधानी से अपने पैसे और समय का प्रयोग करें | जितनी भी नशा बेचने वाली कंपनी है सब अपने products पर लिखते भी हैं कि इससे आपकी मौत हो सकती है | लेकिन लोग फिर भी नहीं मानते फिर भी उसको ख़रीदते है |

याद रखने योग्य बात

1. बुरी आदतों से बचे जैसे Smoking शराब पीना, रातों को बिना वजह के जागना, बुरी आदतों से बचकर अपने टाइम को अपनी लाईफ को बहतर बनाने में लगाऐं | अधिकतर बुराई शराब पीने की वजह से जनम लेती है |

2. बुरी आदतों की वजह से हमारी Will Power और Focus कमज़ोर होता है जिसकी वजह से हमारे दिमाग में Negative विचार आते हैं वादा करें कि आप जलद ही बुरी आदतों को खत्म कर देंगे |

3. ऐसी फिल्मे और वेब सीरीज़ देखने से बचें जो आपके अंदर की इंसानियत को खतम कर दे |

4. आप जो पैसा सिगरेट शराब और फालतू की चीज़ पर खर्च करते हैं उस पैसे को उस जगह लगाइये जिससे आपकी लाइफ बेहतर हो सके और जो आपको अपनी लाइफ में चाहिए।

5. बुरी आदतों एकदम खत्म नही होती अगर आपमें कोई ऐसा करता है उसको मेरी शुभकामनाऐं बुरी आदतों को ख़तम करने के लिए उसमें हर हफ़्ते 5-10 प्रतिशत की कमी करिये। आप देखेंगे कि जलद आपकी आदते सुधर जायेंगी और आपके अंदर बदलाव आने लगेंगे।

जिन कार्यों से आलस्य पैदा होता है उनसे बचें टाईम को बचाने और अमीर बनने के लिए आपको उन चीज़ों से बचना होगा जो चीजें आपके अंदर आलस्य पैदा करें |

जिन कार्यों से आलस्य पैदा होता है उसमें बहुत सारी चीज़े है:

जिसमें नं. 1 हमारा खाना है। हमें चाहिए कि हम अपने खान पान को सही रखे, फास्ट फुड रेडीमेड खाने से दूर रहें। आज कल फास्ट फूड का इतना क्रेज बढ़ गया है कि लोग फास्ट फुड, बर्गर, चाउमीन, मोमो pizza वगैरह को इतना बढ़ावा दिया है कि अधिकतर लोगों का फास्ट फूड के बिना मानो जीवन ही नहीं गुजरेगा इसलिए आलस से बचने को लिए फास्ट फूड से और पैकिंग यानी रेडीमेड खानों से दूर रहे और घर में बने हुए पौष्टिक खाने खाए और जो चीज़े देर से हजम होने वाली हों उनसे परहेज़ करें।

मै आपको बता दूँ कि दुनिया का 95 फीसदी पैसा 5 फीसदी लोगों के पास है और 5 फीसदी पैसा 95 फीसदी लोगों के पास होता इसकी एक ही वजह है कि जिनके पास ज्यादा पैसा है इसकी सिर्फ एक ही वजह है कि वो वक़्त पर काम करते हैं और अपनी इच्छा शक्ति को जिंदा रखते हैं और जिनके पास पैसा नही है, उसकी वजह ये है कि वे चौराहो पर गलियों में, बार में, सड़को पर दूसरों के बारे में बात करते हैं और यों ही वे रोजाना घंटो बिताते है। जबकि अपनी लाइन को बारें में वे कभी बात ही नहीं करते और न कभी इस बारे में सोचते हैं।

कबीरदास ने बहुत ही प्यारी बात कही है कि:

जो काम कल का है उसको आज कर,

और जो आज का है उसको अभी कर,

क्योंकि न जाने कब क़यामत पास आ जाए।

इसलिए किसी काम को टाल कर अपना टाईम बर्बाद न करें।

आलस्य आने की एक वजह ये भी है कि बिना मकसद के जिंदगी गुजारना । आप सोचे कि जिस आदमी को पता हो कि मुझ पर जो क़र्ज़ है। अगर वे मेनें 1 महीने या 6 महीने में नहीं दिया तो लोग मुझे फोन करेंगे, जरा सोचो अगर कर्जा नहीं वापस किया लोगों का तो लोग मुझे जलील करेंगे या मेरे घर आकर मेरी इज़्ज़त की धज्जियां उड़ाएंगे उस आदमी को कैसे आलस आ सकता है।

याद रखें अगर आप आलस करेंगे तो आप बहुत पीछे रहने वाले हैं और गरीबी आपसे आगे निकल जाएगी। अगर आप ग़रीबी से आगे निकलना चाहते है तो याद रखें आपको आलस को त्यागना होगा, आलस को खतम करके आपको आगे निकलना होगा, फैसला आपके हाथ में है कि आप 95 फीसदी लोगी में शामिल होना चाहते हैं या 5 फीसद लोगों में शामिल होना चाहते हैं।

अगर आपके पास लाईफ को लेकर कोई उद्देश्य नही हैं तो आपको आलस ही आएगा | जिन लोगों के पास लाईफ को लेकर कोई उद्देश्य नहीं होता फिर लोग उनको अपनी लाइफ का उद्देश्य बनाते है। एक स्टुडेन्ट जिसको पता हो कि दो महीने बाद उसका एग्जाम है तो उसको कैसे आलस आ सकता है अगर ये आलस करेगा उसका पूरा साल खराब हो जायेगा।

अब मै आपको बता दूँ कि आलस के परिणाम कितने खतरनाक साबित हो सकते है। आप सोचे कि अगर आप किसी काम को आज शुरू करते हैं और आप पांच साल बाद उस काम को कहाँ देखना चाहते है। अगर आप उस काम को टालते रहेंगे और उस काम को आप 1 साल बाद शुरू करते हैं तो याद रखें जो सफलता आपको पाँच साल बाद मिलने वाली थी वे सफलता आपको 6 साल बाद मिलेगी |

इसको आप ऐसे समझें अगर आपने कोई काम 2024 में शुरू किया और आपको 2024 में 10 लाख रुपये का प्रॉफिट हुआ

- 2024 में प्रॉफिट - 10 लाख
- 2025 में प्रॉफिट - 20 लाख
- 2026 में प्रॉफिट - 30 लाख
- 2027 में प्रॉफिट - 40 लाख
- 2028 में प्रॉफिट - 50 लाख

अब आप इसको ऐसे समझें कि 2028 में आप सफलता के जिस मुकाम पर होते अगर आप उस काम को एक साल बाद करेंगे तो आपकी सफलता पाने का समय आगे बढ़ता जाएगा।

इसलिए अपनी लाईफ का कोई मकसद बनाऐ लोगो को माफ़ करे, सीखे और आगे बढ़ें।

आलस का एक कारण ये भी है कि एकस्रसाईज ना करना। आलस से बचने के लिए एकस्रसाईज़ जरूर करें।

एक्सरसाईज करने से हमारी हार्ट बीट (दिल की धड़कन) नॉर्मल रहती है। एक्सरसाइज़ ज़रूर करें। मानो 24 घंटे में आप 7 घंटे सोते हैं और आपके 17 घंटे भागदौड़ और काम में गुज़रते हैं क्या आपने कभी सोचा है कि आप अपने आप को बेहतर बनाने के लिए कितना टाईम दे रहे हैं? अगर आप अपने आपको बेहतर बनाने के लिए टाइम दे रहे हैं तो मेरी तरफ से आपको बहुत बहुत शुभकामनाएं और अगर नहीं तो आप अपने आप को हेल्थी रखने के लिए दिन में दो बार 30-30 मिनट एकसरसाइज़ ज़रूर करें| आप सुबह शाम नही कर सकते तो सुबह या शाम दिन में एक बार जरूर करें | ये आपके ऊपर डिपेंड करता है कि आपके लिए कार्डियो बेहतर है या वेट लिफ्टिंग बेहतर है और हफ्ते में एक दिन एकसरसाइज़ ना करें जिससे आपकी बॉडी रिकवर हो जाए |

नींद की कमी की वजह से आलस आता हैं

आलस आने की एक वजह नींद की कमी है। सही मात्रा में नींद लें क्योंकि अगर आप सही मात्रा में गहरी नींद नहीं ले रहे हैं इससे आपके अंदर आलस पैदा होता है sleep quality को बेहतर करने के लिए इन 5 स्टेप्स को

फ़ॉलो करे:

1. सोने से दो घंटे पहले तम्बाकू और नशे की किसी भी चीज़ का यूज न करे।

2. सोने और उठने का टाइम फिक्स कर ले यानी गहरी नींद के लिए अपने सोने और उठने का एक टाईम बनाए और सूरज निकलने से पहले उठ जाए ।

3. सोने से दो घंटे पहले खाना खाएं और रात को भारी खाना न खाएँ |

4. सोने से कम से कम 30 मिनट पहले अपने सभी डिवाइस Mobile, Laptop, wifi बंद कर दें| सोते समय लाइट बंद करके सोए |

5. सोने से पहले कैफीन वाली चीज़ों से बचे सोते टाईम दूध या गरम पानी पी सकते हैं |

याद रखने योग्य बातें

1. आलस से बचने के लिए फास्ट फूड और रेडीमेड खाने से दूर रहे घर पर बने हुए पौष्टिक खाने और फल को खाये जिससे आप ज्यादा शक्तिशाली रह सके।

2. अपनी लाईफ को बेहतर बनाने के लिए काम करें जो अपने आप को बेहतर बनाते हैं वो दूसरों को भी बेहतर बनाते है। लोगों की बुराई करना बंद करें, सरकार को लोगों को दोष देना बंद करे। लगातार सीखते रहे और आगे बढ़ते रहें।

3. अपनी लाईफ को बेहतर बनाने के लिए अपनी लाइफ का मकसद ढूँढ़कर काम करें। अपने आपको बेहतर बनाने के लिए जो काम जरूरी है उनको आज ही शुरू कर दीजीए। फैसला आपके हाथ में है कि आप दुनिया के 95 प्रतिशत लोगों में शामिल होना चाहते है या 4-5 प्रतिशत लोगों में | आप जितना देर से काम शुरू करेंगे सफलता उतनी ही देर से मिलेगी |

4. एक्सरसाईज़ करें जिससे आप हैल्दी और तनाव मुक्त रह सकें| सही मात्रा में नींद ले|

5. सोने से लगभग दो घंटे पहले तम्बाकू, कैफेन और नशे की किसी भी चीज़ का सेवन ना करे| सोने और उठने का टाइम फिक्स करें | सोने से दो

घंटे पहले खाना खाले, सोने से 30 मिनट पहले अपनी सभी डिवाइस बंद कर दें |

लगातार सीखते रहे और आगे बढ़ते रहे |

4. Goal बनाकर Internet और Mobile को फायदे के लिए Use करे |

Goal बनाकर अपने टाइम को बचाइए |

Goal बनाकर आपको एक साफ Direction मिल जाती है, जिसकी वजह से आप अपने टाइम को फालतू में कहीं नहीं बिताते | एक रिसर्च के अनुसार एक आदमी को दिन में कम से कम 60000 विचार आते है जिसमे 99 प्रतिशत वही होते हे जो पिछले दिन आये थे | सबसे पहले आप अपने उस गोल को लिखें जो आप ने अपनी लाइफ में इस दुनिया से जाते वक्त तक पाना चाहते हैं |

मान लीजिए आप बेहतर हेल्थ चाहते हैं, तो आप अपनी लाइफ को हेल्थी रखने योग्य जो काम है उनको करे|

व्यायाम करे, हेल्थी भोजन खाए फल और सूखे मेंवो को अपने खाने में शामिल करे|

अगर आपका गोल बहुत सारा पैसा कमाना हैं | अपने पैसे कमाने की लिमिट को सेट करे| अगर आपका गोल है की मुझे 10 साल में 100 करोड रुपये कमाने हे और आपने गोल को लिख लिया लेकिन, लिखना ही काफी नही है -

हर रोज़ आपको अपने गोल को 3 बार लिखना है सुबह, दोपहर और शाम में जब आप ऐसे करेंगे तोह आप देखंगे की आपके अन्दर जादुई रूप से बदलाव आने शरू हो जाएंगे लकिन लिखने और देखने से कुछ नही होगा आपको अपने गोल तक पहुचने के लिए जो काम जरूरी है उनको करिये|

मान लेते हैं कि अभी आप साल के 5 लाख रुपये कमा रहे है और दुनिया में ऐसे भी लोग है ,जिनकी सालाना इनकम 1 लाख रुपये हैं और ऐसे भी लोग है जिनकी सालाना इनकम 15 -20 हज़ार करोड रूपए है| ऐसा

इसलिए है क्योंकि जो लोग सालाना जितनी इनकम कमा रहे है वो सब अपनी योग्यता के हिसाब से कमा रहे है|

बहुत सरे लोगो का मानना हैं कि जो व्यक्ति भी अपने किसी गोल को पाना चाहते है वे अपने गोल को किसी पेपर पर उतार ले, उसे उसका गोल हासिल हो जाएगा, ऐसे नही कि सिर्फ आप अपने गोल को पेपर पर उतार ले और आपको आपका गोल हासिल हो जाएगा -

मैं अपने एक्सपीरियंस से ये बता रहा हूँ की आपको गोल लिखने के साथ-साथ प्रोसेस को भी फॉलो करना होगा |

प्रोसेस मान लाते हैं कि आपको एक Multinational कंपनी का मलिक बनाना हैं, अब आपको अपने इस गोल को पेपर पर हर रोज़ 3 बार लिखना है कि आप कितने साल बाद Multinational कंपनी के मलिक बनना चाहते हैं |

इसके लिए आप क्या देंगे ये आपको भी पता हे की दुनिया में फ्री में कोई चीज़ नहीं मिलती आपको मेहनत करनी होगी| आप को हार्ड वर्क भी करना होगा एंड स्मार्ट वर्क भी | लाइफ में आगे बढ़ने के लिए दोनों चीज़े जरूरी हैं,

हार्ड वर्क भी और स्मार्ट वर्क भी |

सबसे पहले आपकी जिस लेवल पर इनकम हैं, आप ये देखें की आपकी Income 6 महीने में या एक साल मे डबल कैसे कर सकते है, इसके लिए आपको जिन चिज़ो की ज़रुरत है उनको फॉलो करे |

मान लीजिए आप खुद काम कर रहे हे सबसे पहले आपको ये देखना होगा कि आप अपने रेवेन्यू को कैसे डबल कर सकते हैं आपको अपने टीम मेंबर को बढ़ाना होगा | मान लीजिए अभी आप के पास 10 लोग काम कर रहे हैं |

सबसे पहले आपको ये देखना होगा की ऐसा कौन सा काम है जिनको आप अपने टीम मेंबर को सोप सकते हैं |

जिस से आपका टाइम बच सके, आपके पास टाइम बचेगा तो आप ज्यादा चीज़ों के बारे में सीख सकेंगे |

अपने टीम मेंबर को ट्रेन्ड करें अगर आपने उनको ट्रेन्ड नहीं किया तो इस बात की काफी सम्भावना है की वे शायद ही आपके बिज़नेस को ग्रो करने में आपकी मदद कर पाए जैसे मैंने आपको शरूआत में ही बताया था की एक रिसर्च के अनुसार एक व्यक्ति को रोज़ाना 60000 विचार आते हैं | जब आप अपने गोल को किसी पेपर पर लिख देते है तो आपको सही Direction मिल जाती हैं फिर आपके दिमाग से 59999 विचार गयाब हो जाते हैं |

इसको आप ऐसे समझे की अगर आप लाइफ में कुछ बड़ा करना कहते हो तो अपने गोल को लिखने का तरीका ये हे की आप 10 साल बाद क्या हासिल करना चाहते हैं उसको अलग लिखे, आप 5 साल बाद क्या हासिल करना चाहते हैं, आप 1 सल बाद क्या हासिल करना चाहते हैं, आप 6 महीने बाद क्या हासिल करना चाहते है और एक महीने बाद क्या हासिल करना चाहते है और एक हफ्ते बाद क्या हासिल करना चाहते है और रोज़ाना के अपने गोल को अलग लिखे और अपने गोल को लिख कर उसके बाद उन सब पर एक्शन ले | ये आप पर डिपेंड करता है की आप जिस फील्ड का बादशह बनना चाहते है उससे रिलेटेड बुक पड़े जैसे आप ये बुक पढ़ रहे है, उससे रिलेटेड सेमिनार में जाए, ऐसे लोगो का सर्कल बनाये जो आपको आगे बढ़ने में आपकी मदद करे | जितना पैसा आप सीखने में खर्च करेंगे उतना ही आप आगे बढ़ेंगे, जितना आप नई नई चीज़ो और स्किल्स को सीखने में लगेंगे उतना ही आप लायक बनेगें और उतना ही जल्दी ग्रो करगे | और एक बात याद रखे की आप जितनी ज्यादा बार जिस काम को करेंगे और जितना ज्यादा करेंगे आप उतना ही ज्यादा अमीर बनेंगे| इसको आप ऐसे समझे की कंसिस्टेंसी में कितनी पावर है |

स्टॉक मार्किट के किंग Warren Buffett की नेट-वर्थ उनके 65वे बर्थडे के बाद ज्यादा तेज़ी से बढ़ी थी | 65वे जन्मदिन से पलहे उनकी नेटवर्थ

2.5 बिलियन डॉलर थी और 65वे जन्मदिन के बाद उनकी नेटवर्थ में उठाव आया जिससे उनकी नेट-वर्थ 65 बिलियन डॉलर हो गई |

1. गोल बनाकर अपने टाईम को बचाइए, गोल बनाने से आपको आपकी सही दिशा मिलती है कि आपको क्या करना है और आप उस काम में लगकर फालतू के ना करने वाले कामों से बच जाते हैं |

2. हैप्पी लाइफ जिये और फ्रुट और ड्राई फ्रुट का भी सेवन करें, एक्सरसाइज करें, हो सके तो दिन में दो बार एक्सरसाइज करे और टाईम कम है तो दिनमें एक बार जरूर करें |

3. अपने बड़े और छोटे goal को लिखें और दिन में 3 बार उनको जरूर पढ़े ताकि आपको पता रहे कि आपको ये हासिल करना है |

4. आपको जिस गोल को हासिल करना है उससे रिलेटेड बुक पढ़े उससे रिलेटेड सेमिनार अटेंड करें और ऐसे लोगों के साथ रहे जो आपको आगे बढ़ने में आपकी मदद करें |

5. टाइम बचाने और जल्दी पैसा कमाने का एक तरीका ये भी है कि आप अकेले अगर 10 घंटे काम करते है वहीं अगर आप 10 लोगों को साथ लेकर काम करेंगे तो आप 100 घंटे काम करने वाले बन जाएंगे जिसकी वजह से आप काम को जल्दी करने वाले बन जायेंगे |

इंटरनेट को फायदे के लिए यूज़ करें

इंटरनेट हमारे फ़ायदे के लिए बनाया गया है ना कि टाइम बर्बाद करने के लिए जब इंटरनेट नहीं था आप देखें कि लोगों को किसी भी चीज़ की जानकारी हासिल करने के लिए बहुत जयादा मेहनत करनी पड़ती थी लेकिन अब ऐसा नहीं है जब इंटरनेट नहीं था लोगों को किसी कोर्स को सीखने के लिए पहले लोगों से पूछना पड़ता था कि ये कोर्स कहाँ से होगा फिर जहाँ से कोर्स करना होता था वहाँ जाकर उसके बारे में बात करनी पड़ती थी।

लेकिन इसमें बहुत सारा पैसा और टाइम बर्बाद होता था। लेकिन अब अगर किसी व्यक्ति को कोई कोर्स करना होता है तो अब आप उस कोर्स

के बारे में 1 बार गूगल से सर्च करने पर आपके सामने हजारों रिजल्ट आ जाते हैं ।

या इसको हम ऐसा होते समझे कि इंटरनेट से पहले अगर किसी व्यक्ति को अपना कोई प्रॉडक्ट सेल करना होता था तो उसमें एडवर्टाइज़ खर्चा बहुत होता था तब जाकर लोगों के सामने वे प्रॉडक्ट पहुँच पाता था और उसमें बहुत ही लिमिटिड ही सेल आ पाती थीं। लेकिन इंटरनेट आने के बाद एडवर्टाइज़ खर्च बहुत कम हो गया है और आप अपने प्रॉडक्ट को आसानी से लोगों तक पहुँचा सकते हैं।

इंटरनेट से पहले लोगों के लिए अधिकतर एडवर्टाइज़ के सोर्स टीवी, न्यूज़ पेपर या बेनर के जरिए होता था लेकिन अब इंटरनेट की वजह से आप अपने प्रोडक्ट को बहुत सारे पलेटफॉर्म के जरिए प्रमोट कर सकते हैं जैसे फेसबुक, यूट्यूब, इंस्टाग्राम, गूगल या अपनी वेबसाइट के ज़रिए प्रमोट कर सकते हैं।

Internet

आज के टाइम में करोड़पति बनना बहुत आसान है। बस आपके पास कोई प्रोबलम सॉलव आइडिया होना चाहिए,

आज के टाइम में 1 करोड़ रुपये कमाना बहुत आसान है।

अगर आपके पास कोई डिजिटिल service है जिससे लोगों की प्रोबलम सॉल्व हो सके।

- 500 रुपये का प्रॉडक्ट 20000 लोगों को बेच दें तो आप 1 करोड़ Rupees इकटठे कर लेंगे।
- 1000 रुपये का प्रॉडक्ट 10000 लोगों को बेच दें |
- 5000 रूपये का प्रॉडक्ट 2000 लोगों को बेच दें |

आज के टाईम में आप बहुत तेज़ी से अमीर बन सकते हैं जिस लेवल की आप प्रॉबलम सॉल्व करेंगे उसी लेवल का आप पैसा कमाऐंगे | फैसला आपके हाथ में है आज के दौर में अगर आप देखें जितने भी लोग अमीर बने हैं उसमें

अधिकतर उनके अमीर होने की वजह कहीं ना कहीं इंटरनेट ही है। चाहे आप देखले जितनी भी ईकॉमर्स Company है उन सब का वजूद इंटरनेट की वजह से है या जितने भी सोशियल मिडिया पलेटफॉर्म है उन सब का वजूद इंटरनेट की वजह से है। अगर आपके पास भी कोई आइडिया है जिसकी वजह से लोगों की प्रॉबल्म सॉलव हो सके और उसमें आपकी दिलचस्पी है तो आप भी शुरु करिए।

अगर आप इंतजार करते रहेंगे या टाल मटोल करते रहेंगे तो ऐसा ना हो कि आप टाल मटोल में अपना टाइम बर्बाद कर दे और कुछ टाइम बाद आपको पता चले कि जिस आइडिये पर आप काम करना चाहते थे वे मार्किट में आ गया और फिर कहीं चाय के होटल में आप लोगों को अपनी कहानी सुनाते रहोगे कि यह मेरा आइडिया था मेरे दिमाग में ये आइडिया 2 साल पहले आया था। लेकिन फिर आपके पास अफसोस के अलावा कुछ नहीं होगा। अगर

आप यह कह रहे हैं कि मेरे पास एक आइडिया है और मैं उसे किसी को नहीं बताऊँगा तो शायद आप गलत हो सकते है। इसलिए क्योंकि दुनिया में लगभग 8 अरब लोग हैं अगर एक आदमी के दिमाग में दो विचार आते हैं तो लगभग 16 अरब आइडिये हुऐ। लेकिन इससे कोई फर्क नही पड़ता कि आपके दिमाग में कितना बेहतर आइडिये है फर्क इस बात से पड़ता है कि आप उस आइडिये पर कितनी जल्दी एक्शन लेते हैं और आप उस काम को कितने बेहतर तरीके से करते हैं।

मेने एक सर्वे किया जिसमें पता चला कि उनमें से अधिकतर लोग Daily सोशल मिडिया पर बिना वजह की 3-4 घंटे का वक़्त बिताते है और उनमें अधिकतर लोगों की सोच ये थी के उनके घरवालों ने उनके लिए कुछ नहीं किया सरकार ने उनके लिए कुछ नहीं किया इत्यादि। इंटरनेट से पहले Passive Income के सोर्स बहुत कम हुआ करते थे। आज के दौर में Passive Income के सोर्स बहुत ज़्यादा है उसकी वजह सिर्फ इंटरनेट है।

इंटरनेट की वजह से Stock मार्केट आसान हुआ जिसकी वजह से कोई भी व्यक्ति किसी भी देश की Stock मार्केट में ट्रेडिंग कर सकता है। आज के दौर में Passive Income के बहुत सारे सोर्स है जैसे:

1. यूट्यूब चैनल बनाए

2. फेसबुक पेज बनाए

3. Stock Market

4. Investment करें

5. खुद की बुक पब्लिश करना

6. प्रॉपटी Rent पर देना

7. एफिलिएट मोर्लेटिंग ऑनलाईन कोर्स

8. इंस्टाग्राम पेज

9. ऐसा बिजनिस जो आपके बिना चले

10. ऐसा कोई एप्पलीकेशन जिससे लोगो की Problem solve हो सकें

हर बात के दो पहलू होते है जैसे सुबह-शाम, दिन-रात, आग-पानी, ठंडा-गर्म, बिमारी-हेल्थ, जिंदगी-मौत हर बात के दो पहलू होते है हर आदमी के पास हाथ- पैर -जुबान -आँख बात ये है कि आप हाथ को किसी की मदद के लिए बढ़ाते या ज़ुलम के लिए ऐसे ही आपके पैर जुबान आँख है कि आप इनकी दूसरों की मदद के लिए इस्तेमाल करते हैं या बुराई के लिए।

ऐसे ही इंटरनेट है कि आप इंटरनेट को अपने और लोगों के लिए इस्तेमाल करते हैं, भले के लिए इस्तेमाल करते हैं या वैसे ही अपने टाइम को बर्बाद करोगे - मेटर अब आपके हाथ में है कि आप अपनी Life को लेकर कितने सीरियस है |

ज़्यादा सोचने की जरूरत नहीं अपनी Will Power को strong बनाइये और आगे बढ़ों और इंटरनेट को देखें कि आप अपने टाइम को बचाने के लिए इंटरनेट का यूज करे नाकि अपने टाइम को बर्बाद करें |

1. अपने प्रॉडक्ट को प्रमोट करने के लिए इंटनेट का यूज़ करें |

2. आज के टाइम में करोड़पति बनना आसान है। किसी प्रॉब्लम को सॉल्व करें कोई डिजिटिल प्रॉडक्ट बनाकर 500रू का प्रॉडक्ट 20000 लोगों तक बेच दें, 1000 का प्रॉडक्ट 10000 लोगों को बेच दे, 5000 रूपये प्रॉडक्ट 2000 लोगों को बेचकर आप आसानी से 1 Crore रूपये कमा सकते है।

3. आप देखो कि जितनी इकॉमर्स और सोशल मिडिया कम्पनिया है सब का वजूद इंटरनेट की वजह से है आप भी इंटरनेट का यूज करके अपनी लाइफ में आगे बढ़िये।

4. टालमटोल से बचे दुनिया में लगभग 8 अरब लोग है अगर आपके हिसाब से एक आदमी को दो आइडिये आते है तो दुनियाभर के लोगों को 16 अरब आइडिये आएँगे Matter ये करता है कि आप कितनी बड़ी प्रॉबल्म की सॉलव कर रहे हैं जिस लेवन की आप प्रॉबलम को सॉलव करेंगे आप उसी लेवल का पैसा कमाऐंगे।

5. अपने Passive Income सोर्स बनाइए ताकि फाइनेंशियल फ्रीडम हो सके | सीखते रहिये और आगे बढिए |

मोबाईल जरूरत के लिए इस्तेमाल करे मोबाइल हमारी जरूरत के लिए बनाया गया था लेकिन जैसे जैसे समय बीतता गया मोबाइल को अपडेट किया।

लेकिन शुरू दौर में मोबाइल से कॉल ही होती थी। इसके बाद मोबाईल में FM भी आने लगा और उसके बाद MP3 songs भी आने लगे लेकिन जैसे टाईम गुजरता गया फिर शुरूआत हुई स्क्रीन टच मोबाइल की और उसके बाद Android की।

लेकिन बात यही खत्म नहीं होती यहाँ तो शुरुआत होती है।

हमारी जिंदगी तबाह होने की शुरुआत होती है मैं ऐसा इसलिए कह रहा हूँ क्योंकि पहले लोग Tv par fix टाईम पर ही कोई फिल्म देख पाते थे लेकिन अब ऐसा नहीं हैं अब जिसका जिस टाईम जी चाहे वे मोबाइल में वे देख सकता है। लोग रात को बिस्तर पर सोने के लिए पड़ते है लेकिन उनको बार बार बिना वजह मोबाइल देखने की वजह से रात को नींद भी

इस हालत में आती है कि वे मोबाइल देखते सो जाते है और जवान बच्चों में तो इसका बहुत ज्यादा गलत इस्तेमाल हो रहा है।

यहाँ में एक बात साफ़ कर दूँ मेरा मकसद किसी कम्पनी या किसी व्यक्ति को बदनाम करना नहीं है मैं तो बस लोगों को ये बताने की कोशिश कर रहा हूँ कि वे अपने टाईम का गलत इस्तेमाल कैसे करते हैं। और वे उससे कैसे बच सकते हैं। याद रखें आप अपने आप में कितने ही अच्छे हो या बने, इससे कोई फर्क नहीं पड़ने वाला। फर्क इस बात से पड़ता है कि जब आप अकेले हों तो आप में उस वक़्त मोबाईल को कैसे यूज़ करते है।

आप अकेले में या जब कोई आपके पास ना हो उस टाइम को आप कैसे यूज़ करते है।

अगर आप अकेल होने पर अपने आपसे बात करते है तो इस बात की काफी संभावना है कि आप राज्य इतिहासकार बनेंगे। अगर आप अकेले होने पर कामयाब लोगों के बारे में पढते है तो आप धनी बनेंगे। लेकिन अगर आप अपनी तन्हाई के टाइम को टालमटोल या अय्याशी और आवारगी में गुजारेंगे तो आप के लिए खुशखबरी है कि आप बहुत जल्दी बर्बाद हो जायेंगे अब decision आपके हाथ में है कि आप बर्बाद होना चाहते हैं या कामयाब बनना चाहते हैं।

मोबाइल हमारी जरूरत के लिए बनाया गया है इसलिए हमें चाहिए कि मोबाइल को जरूरत के लिए इस्तेमाल करें। अगर आप मोबाइल को 15 मिनट से ज्यादा इंटरटेनमेंट के लिए इस्तेमाल करते हैं तो आप गलत नहीं बल्कि बहुत ज्यादा गलत कर रहे हैं।

याद रखें फोन का ज़्यादा इस्तेमाल करने से आपकी फोकस पावर खतम होने लगती है।

फोन का ज्यादा इस्तेमाल आपकी आखे खराब कर सकता है, फोन का जयादा इस्तेमाल करने वाले लोग अधिकतर तनाव में रहते हैं, फोन ज्यादा इस्तेमाल करने वाले लोगों में देखा गया है कि वे चिड़चिडे रहते हैं।

याद रखे अगर आप टाइम मैनेजमेंट मास्टर बनना चाहते है तो अपने मोबाइल चलाने और मनोरंजन की लिए इस्तेमाल करने के लिए एक टाइम फिक्स करें। जरा गौर करें जब टेलीफोन हुआ करते थे किसी का फोन आता था

तो कॉल करने वाला आदमी जिससे बात करना चाहता था अगर वो वहाँ होता तो ठीक है बात हो जाती थी लेकिन अब ऐसा नहीं होता और वे वहाँ नहीं होता तो उसको बुलाकर बात करा दी जाती थी।

लेकिन अब मोबाइल की वजह से हर आदमी कॉल करने वाला और सुनने वाला दोनों ही ऐसी स्थिति में होते हैं जैसे दोनों ही आपातकाल स्थिति में हो। अगर कॉल करने वाला जिसको कॉल करता है अगर वो किसी वजह से कॉल न उठा पाये तो कॉल करने वाले का दिमाग सातवे आसमान पर पहुँच जाता है लेकिन ऐसा नहीं होना चाहिए।

लेकिन अब हमारी हालत ऐसी हो गई है कि हमें जब किसी का फोन आता है हम ऐसे हो जाते है जैसे किसी का इमरजेंसी फोन आ रहा हो। अब हमें भी चाहिए कि फोन का ऐसी तरह करें यूज करें जिससे हमारा ध्यान ना भटके और याद रखें अगर आप फोन को बार बार देखते हैं इससे आपकी फोकस पावर कम होती है। और याद रखें अपने फोन के सभी नोटिफिकेशन को बंद कर दें, जो ज़रूरी है उन नोटिफिकेशन को ऑन कर सकते हैं।

फोन का ज्यादा इस्तेमाल याददाशत कम करता है।

मेरा एक दोस्त है जिसका नाम में नही बताउँगा क्योंकि मेरा Motive किसी का दिल दुखाना नहीं है वे किसी आदमी को जब फोन करने के लिए फोन जेब से बाहर निकालता है लेकिन वे किसी नोटिफिकेशन को देखकर उस पर टेप करता है और उसको याद नहीं रहता कि उसने फोन जेब से क्यों निकाला था और वे भूल जाता है कि उसने फोन जेब से निकालते टाइम किस को कॉल करने के लिए निकाला था।

और ऐसा ही बहुत से लोगों के साथ होता है कि वे अपना फोन निकालते है और वे किसी रील को देखना शुरू करते हैं और उसके बाद वे विडियो

स्क्रॉल करना शुरू कर देते है और उनको याद भी नहीं रहता कि उनका कितना टाइम बर्बाद हो गया है और ऐसा ही लोगों के साथ होता है लोगों को एहसास नहीं होता कि वे अपना कितना टाइम बर्बाद कर रहे हैं|

अधिकतर लोग अपने समय का 10% रोज़ाना सोशल मिडिया पर बिताते है यानी अपनी लाईफ का 10% सोशल मिडिया पर बिताते हैं यानी 10% का मतलब 2 घंटे के करीब बिताते हैं।

अब आप ही देखें जो दो घंटे सोशल मिडिया पर Spend के बजाय नई भाषा को सीखने में या किसी नई स्किल्स को सीखने में लगाते तो एक साल में आप बहुत बदल गये होते। ज्यादा मोबाईल चलाने से कैसे बचे? अपनी लाइफ को मकसद के तहत जिए, अगर आपकी लाइफ का कोई मकसद नहीं हैं तो आप बहुत जल्द अपनी लाइफ से बोर हो जायेंगे। रात को सोते समय मोबाइल चलाने से बचें इससे आपकी Sleep quality खराब होती है।

अगर आप बेहतर नींद लेना चाहते हैं तो सोने से दो घंटे पहले अपनी तमाम स्क्रीन ऑफ कर दें यानी अपने सभी मोबाइल, लैपटॉप को, कम्प्यूटर को ऑफ कर|

याद रखने योग्य बाते|

1. मोबाइल को जरूरत के लिए इस्तेमाल करे और अपने टाइम का सही Use करें।

2. अगर आपके बच्चों के पास मोबाईल है तो कोशिश करें कि सोने से पहले सभी मोबाईल एक जगह जमा करके सोने की जगह से कम से कम 10 फीट दूर रखे क्योंकि मोबाईल से निकलने वाली रेडियेशन हमारी बॉडी को नुकसान पहुंचाती है|

3. याद रखें फोन का ज्यादा इस्तेमाल याददाश्त कमज़ोर करता है इसलिए अपने फोन को एंटरटेनमेंट के लिए 15 मिनट से ज्यादा इस्तेमाल करने से बचें।

4. याद रखें फोन का ज्यादा इस्तेमाल से आपकी आँखे जल्दी खराब हो सकती है। फोन ज्यादा इस्तेमाल करने वाले अधिकतर लोग तनाव में रहते है।

5. मोबाइल का इस्तेमाल 10% से कम करें, जो चीजें आप अपनी लाइफ में सीखना चाहते हैं, करना चाहते हैं अपने टाइम को उन कामों में सीखने के लिए लगाए | क्योंकि आपको लाइफ में वही मिलता है जिस चीज़ के लायक आप होते है|

सरकार और लोगों को दोष देना बंद करें, लोगो को माफ़ करें और आगे बढ़े |

लगातार सीखते रहें और आगे बढ़ते रहे |

5. Mindset: हमारा Mindset कैसा हो |

Mindset- (मानसिकता)

माइंडसेट का मतलब है वो तरीका जिससे हम दुनिया को देखते हैं | जो हमारे विचार और व्यवहार को प्रभावित करता है और हमारे भविष्य को भी ये वो मानसिक दृष्टि देता है जो हमारे अनुभव को समझने में और फैसले लेने में अहम किरदार निभाता है | याद रहे हमारी जिंदगी के अनुभव को सही तरह समझना और विकास करने के लिए Mindset का अहम किरदार है |

माइंडसेट मूल रूप से और विशेष रूप से व्यक्ति के कल्पना और दृष्टिकोण का संग्रह है जो उनको दुनिया के चारों तरफ देखते वक़्त प्रभावित करता है ये हमारे अनुभव को समझने Judgments बनाने और फैसले लेने का मानसिक फ्रेमवर्क है| Stanford के मानसिक शास्त्री Coral Dweek ने माइंडसेट के इस विचार को Study किया है और इसे लोगों के उन सबसे कीमती गुणों के बारे में जो उनमें है उनको विश्वास के रूप में परिभाषित किया है |

माइंडसेट को दो मुख्य भाग मे बाँटा जा सकता है Fixed Mindset और Growth Mindset इन दोनो माइंडसेट को समझना व्यक्ति के व्यक्तिगत और कारोबारी विकास की चाबी है | हमारे खुद के और काम के विकास में माइंडसेट का बहुत ही अहम किरदार है हमारा माइंडसेट हमारी योगयताओं को देखने में और चुनौतियों के सामने टिके रहने में और सीखने के प्रति खुलेपन में प्रभावित होता है| खुद के विकास के लिए एक सकारात्मक माइंडसेट, आत्मविश्वास, स्थिरता और लक्ष्य की रचना मे लिए मूल बन जाता है| ये व्यक्ति की चुनौतियों को विकास के अवसर के रूप में देखने की शक्ति प्रदान करता है, ताकि ये असम्भव कंडीशन को नहीं बल्कि उनमें सुधार के अवसर को देख सकें |

कारोबारी विकास के क्षेत्र में माइंडसेट कैरियर की उन्नति और सफलता में महत्वपूर्ण भूमिका निभाता है| ग्रोथ माइंडसेट वाले व्यक्ति अधिक लायक, सीखने के लिए उत्सुक और समस्याओं के सामने साहसी होते है| वे चुनौतियों को नहीं बल्कि कला विकास और सुधार के लिए अवसर के रूप में देखते है, उनका यही नज़रिया, Innovation, सहयोग और कारोबार के क्षेत्र में बढ़ावा देता है |

अगर हम इसके उल्टा देखें एक Fixed Mindset व्यक्ति खुद के और कारोबारी विकास को रौंद सकता है यह विश्वास की Capacity और बुद्धिमानता नये रूप से नहीं बल्कि संकट के भय से चुनौतियों से बचने और अपने कम्फर्टज़ोन से बाहर कदम उठाने की लगन का प्रतीक है |

Fixed माइंडसेट और Growth माइंडसेट के बीच का फर्क हमारे देखने को, सीखने और चुनौतियों और सफलता के प्रति कैसी Conditions है को समझने लिए एक Framework प्रदान करता हैं|

Fixed Mindset वाले लोग ये सोचते हैं कि और उनको ये भरोसा होता है कि खुद की क्षमता और बुद्धिमत्ता स्थिर गुण है|

Fixed Mindset वाले लोग चुनौतियों से बचने के लिए अपनी योग्यताओं का समर्थन करते हैं और किसी भी काम के लिए कोशिश करना Fixed Mindset वाले लोग आक्रोश दिखाते हैं|

दूसरी ओर Growth Mindset वाले लोग ये भरोसा करते हैं कि अपनी Capacity को मेहनत, लगन और सीखने के ज़रिये विकसित किया जा सकता है, Growth mindset वाले लोग चुनौतियों को Accept करते हैं और समस्याओं से गुजरने में हमदर्दी और मेहनत को एक Important मार्ग मानते हैं| ये Mindset सीखने का प्यार और मुसीबतों के सामने Intensity को बढ़ावा देता है|

Fixed Mindset

Fixed Mindset वाले लोग यह सोचते है कि उनकी क्षमता और बुद्धिमत्ता फिक्स है यानी वो बदल नही सकते | इस तरह के Mindset वाले लोग, मेहनत से बचते हैं क्योंकि उन्हें लगता है कि अगर वे नाकाम

हो गए तो ये उनकी क्षमता को दिखा देगी | वे चुनौतियों से बचकर अपने हालात को सुरक्षित रखना चाहते हैं |

जो लोग Fixed Mindset सेट वाले होते हैं वो नयी चीजें सीखने में डर महसूस करते हैं, ऐसे लोगों को लगता है कि उनकी क्षमता सीमित है और वो बदल नहीं सकती ऐसे माइंडसेट वाले लोग हमेशा अपने कम्फर्टज़ोन में रहना पसंद करते हैं ऐसे लोगों के सामने अगर कोई चुनौती आती है तो वो उसे अवसर के रूप में नहीं बल्कि उससे बचना पसंद करते हैं |

Fixed Mindset वाले लोग आमतौर से अपनी सलाहियतों को Fixed मानते हैं यानि कि उन्हें लगता है कि जो उनमें हैं उसमे बदलाव नही हो सकता, उन्हें लगता है कि Intelligence और Talent एक बार सेट हो गया तो वही रह जाता है,

Fixed mindset वाले लोग नये Challenges और नयी चीजें सीखने से बचते हैं क्योंकि उनको लगता है कि उनकी असली क्षमता तो पहले ही से Decide हो चुकी है | जब कोई फिक्स्ड माइंडसेट में होता है और उसे किसी मुश्किल का सामना करना पड़ता है तो थोड़ा सा डरा हुआ महसूस करते हैं असफलता ऐसे लोगों के लिए एक बड़े डर का कारण बन

जाती है क्योकि उनको लगता है कि अगर वो किसी चीज़ में असफल हो गये तो ये उनकी असली क्षमता को दिखायेगा इसी डर के कारण वे अपने Comfort Zone से निकलने के लिए बहुत कम तैयार होते है |

Fixed Mindset वाले लोग मेहनत करने से बचते हैं क्योंकि उनको लगता है कि वो अगर मेहनत करेंगे तो असलियत सामने आयेगी जो उनके लिए मुश्किल है अगर उनकी किसी चीज़ में असफलता मिलती है तो वो उस असफलता को अपने असली अस्तित्व को नुकसान पहुंचाने वाला माना जाता है | ऐसे नज़रिये वाले लोग कभी कभी दूसरों की सफलता से थोड़ा बहुत जेलसी फील करते है क्योंकि उनको लगता है कि अगर कोई उनसे आगे निकल गया तो उनकी कमज़ोरी को दिखा देगा

एक Fixed Mindset वाला व्यक्ति फीडबैक को थोड़ा मुश्किल से Accept करता है अगर उसे किसी सुधार की ज़रूरत होती है तो वह उसे

खुद पे Attack मान लेता है और उसको लगता है कि यह उनकी असलियत को नुकसान पहुचायेगा ऐसे mindset वाले व्यक्ति थोडा सा Rigid हो जाते हैं, अपने विचारों में और नयी चीज़ों को एक्सेप्ट करने में संकोच करते हैं |

एक फिक्स्ड Mindset वाले व्यक्ति को अपनी Strengths और वीकनेस में थोड़ा ज्यादा फोकस होता है और किसी नयी चीज़ में हाथ नही लगाते है इसकी वजह यह होती है कि वो अपने Comfort Zone को छोड़ना नही चाहते आखिरकार फिक्स्ड MINDSET एक MINDSET है जिसमें व्यक्ति अपनी क्षमताओ को फिक्स्ड मान कर चलते हैं और नये Challenges को Avoid करते हैं और असफलता से डरते हैं और FeedBack को थोडा मुश्किल से Accept करते हैं |

Fixed Mindset वाले लोग अपने गुण और योगयताओं को बदलने में मुश्किल मानते हैं जैसे एक पत्थर पर लिखी हुई Script, उनका विश्वास होता है ये में हूँ और ये बदल नही सकता ये चीजें उनको नये Challenges को Accept करने से रोकता है कियोंकि उनको लगता है कि उनके पास जो है वही उनमे काफी है | ग्रोथ और बदलाव के Concepts को समझना उनके किए मुश्किल होता है क्योकि वे इस चीज़ को स्वीकार नहीं करते कि उनमें बदलाव हो सकते हैं, यह फिक्स्ड लक्षण वाला यकीन पर्सनल और प्रोफेशनली विकास में बड़ी रुकावट डालता है यह Mindset उनको रोकता है | लगातर सीखने और बेहतर होने की संभावना को समझे, इस कठोर सोच को तोडना ज़रुरी है ताकि एक माइंडसेट को adopt किया जा सके जो विकास और सुधार की संभावना को मानता है | हार का डर Fixed माइंडसेट वाले लोगों में हारने का डर होता है उनके लिए Failure ऐसे है कि वे उनके लिए एक झट्का है ब्लकि उनकी Abilities का Permanent label है, ऐसे लोगों को लगता है कि अगर उनका कोई काम Fail हो गया तो उनकी कमज़ोरी लोगों के सामने आ जायेगी, इसी डर की वजह से उन्हें नये challenges लेना या कुछ नया try करना मुशकिल हो जाता है, ऐसे लगता है जैसे Game को खेलना लेकिन हार जाने का डर, यही डर उन्हें सावधान रहने पर मजबूर

कर देता है और उनहें अपने Comfort Zone में रहने पर मजबूर करता है ताकि लोग उन्हें नाकाम ना माने|

इसलिए इस डर से बाहर निकालिये और लगातार सीखते रहिये और बढ़ते रहिये|

Fixed mindset वाले लोग मुश्किल कार्यों से दूर रहते हैं उन्हें लगता है कि अगर मुशकिलों का सामना किया और फेल हो गये तो हमारी कमजोरी लोगों के सामने आ जायेगी, इसलिये वे ऐसे हालात से दूर रहते हैं, जहाँ उन्होंने कुछ नया करना हो या मुशकिल का सामना करना पड़े, मुश्किलों से बचना ही उनके comfortzone में रखता है जहाँ उन्हें सुरक्षित महसूस होता है लेकिन ऐसे लोग कीमती अवसरों से वंचित रह जाते है|

याद रहे चैलेज से बचने वाले लोग पीछे रह जाते है|

Fixed mindset में लोग effort के प्रति Negative नजरिया रखते हैं और लगता है कि अगर किसी चीज में मेहनत करना पड़ रहा है तो यह उनकी Naturally Talent की कमी का sign है, इमेजिन करो कोई Musical Instrumental practice करने से बच रहे हैं क्योंकि उनको लगता है कि यह उनकी Natural giftedness को show करता है यही नकारात्मक \नज़रिया उनको अपने आपको बेहतर बनाने से रोकता है, उन्हें लगता है कि अगर इतनी मेहनत करनी पड़ रही है तो में इसमे अच्छा नहीं हूँ यही नज़रिया उनको सीखने और आगे बढ़ने से रोकता है और इसी वजह से ऐसे लोग Skills Develop करने की अपनी योगयता को खो देते है|

Fixed Mindset वाले लोग अपने Comfort Zone में रहने की वजह से नये सीखने के मोको को खो देते हैं ऐसे लोगों को नयी चीजें सीखने से और Challenges Accept करने से डर लगता है क्योंकि लोग के Failure से बचने के लिए अपनी Abilities को Fix मान लेते हैं इसी माईंडसेट की वजह से ऐसे लोग नयी चीज़े कम सीख पाते हैं और उनका new सीखने का Potential कम हो जाता हैं, मान लेते हैं ऐसे माइंडसेट

वाले लोग अगर उनको कोई नयी भाषा सीखनी है तो वह यह मान लेते है की अब उनके अंदर इतनी Capacity नही है और इसी वजह से उनके हाथ से मोके छूट जाते है |

लगातार सीखते रहे और आगे बढ़ते रहे |

Growth Mindset

अब हम बात करेंगे Growth Mindset के बारे में जिसमें हम सीखेंगे कि कैसे Growth Mindset के जरिये अपना Lifestyle change किया जा सा सकता है और हम सफलता को कितनी जल्दी प्राप्त कर सकते हैं | ग्रोथ माईंडसेट एक बहुत ही पावरफुल आउटलुक है जो Decide करता है कि व्यक्ति अपनी क्षमताओं को किस तरह से देखता है और मुश्किल कामों को कैसे समझता है लेकिन ग्रोथ माईंडसेट ये मान लेता है कि योग्यताओ को बढाना और बेहतर बनाने की क्षमता हमेशा होती है|

Growth Mindset वाले व्यक्ति केवल चुनोतियो को पार करने के नही ब्लकि सीखने और विकसित करने का अवसर भी मानते हैं, यहाँ मेहनत को बढ़ावा दिया जाता है, उसे positive ताकता माना जाता है जो महारत में महान होने के मार्ग को दर्शाता है ऐसे लोग हर हालत में सफलता की और बढ़ने की सोच रखते हैं| Growth Mindset का एक मुख्य पेहलू यह भी है कि ऐसे लोग गलतियों करके और उनसे सीखे जाने को अवसर के रूप में दखते है| Growth Mindset वाले व्यक्ति गलतियों से नही डरते वे गलतियों से सीखते हैं और अपने प्रयास और उपायों को सुधारने के लिए उनका इस्तेमाल करते है|

ग्रोथ माईंडसेट वाले लोगो में एक मूल्य गुण होता है | ग्रोथ माईंडसेट वाले लोगों में सीखने की संभावना में विकास होता है। इस mindset वाले लोग समझते हैं कि बुद्धिमत्ता और योग्यता को Time के साथ विकसित किया जा सकता है।

मेहनत, समर्पण और सीखने के जरिये से उन्हें यह विशवास होता है कि उनकी योगयता स्थिर नहीं है बाल्की उन्हें लगातार विकसित किया जा सकता है। मेहनत और समर्पण से यही विश्वास उन्हें चुनौतियों को स्वीकार

करने, नए अनुभवों को तलाशने और लगातार सुधार के प्रयत्नशील रहने की शक्ति देता है उनका ध्यान केवल उनकी क्षमताओं पर नही बल्कि उन्हें यह भी दिखाता है कि उनको कैसे बढाया जा सकता है।

Growth mindset वाले लोग चुनौतियों को धमाकेदार मोके के रूप में देखते हैं ना कि डर ये रूप में इस माईंडसेट वाले लोग चुनौतियों को और आशिर्वाद के साथ गले लगाते हैं और चुनौतियों को अपनी योग्यता को बढाने और सीखने का मोका समझते हैं ऐसे लोग मुश्किल से डरते नही बल्की उनका सामना उत्साह और दृढ़ता के साथ करते हैं ये जानते हुए कि चुनौतियों का सामना करना व्यक्तिगत विकास के लिए जरूरी है, ऐसे लोग चुनौतियों को गले लगाने से उनकी दृढ़ता और सेवेदनशीलता बढती है क्योकि ऐसे लोग समझते हैं कि सफलता को हासिल करने के लिए चुनौतियों और कठिनाईयों का सामना करना पड़ता है |

याद रहे समर्पण और मेहनत Growth mindset का मुख्य हिस्सा होते है| Growth mindset वाले लोग समझते हैं कि सफलता को प्राप्त करने के लिए मेहनत, समर्पण और दृढ़ता की ज़रूरत होती है| वे अपने Goal को पाने के लिए, ज़रूरी प्रयत्न करने के लिए तैयार रहते है चुनौतियों और असफलता के सामने भी ऐसे लोग चुनौतियों का सामना करते वकत अपने आपको मजबूती से जमाये रखते हैं ये जानते हुए कि उनकी दृढ़ता और मजबूत साबित उनकी प्रगति में सुधार करेंगे यही Mindset एक मजबूत काम शैली और व्यक्ति को अपने आपको अपने Comfort Zone से बाहर धकेलने की इच्छा को बढ़ाता है व्यक्तिगत और कारोबारी विकास के लिए |

Growth Mindset वाले लोगो का एक प्रमुख लक्षण यह भी है कि ऐसे लोग Feedback और निर्माणन आलोचना के प्रति अपना मन खुला रखते है ऐसे Mindset वाले लोग समझते हैं कि Feedback सीखने और सुधार करने का महत्वपूर्ण उपकरण है और वे दूसरे लोगों से Feedback प्राप्त करने के अवसर को सक्षयिता से ढूंडते है | Feedback को अपने अहम और आत्म सम्मान के लिए खतरा नही बल्की एक अवसर समझ कर मूल्य लाभ और दृष्टिकोण प्राप्त करते हैं जो उन्हें विकसित करने में मदद

करता है ऐसे लोग Positive और Negative दोनों तरह के Feedbacks का सम्मान करते हैं जिसकी वजह से वे अपनी क्षमताओं को सुधारते हैं |

इसलिए अपने पहलू को सुधारें और अपने लक्ष्यों की और एक कदम बढ़ाने में प्रयासरत रहें यह feedback की प्रतिबद्धता लगातार सीखने और सुधारने की संस्कृति को बढ़ाता है जिसकी वजह से Growth Mindset वाले लोगों को नयी चुनौतियों और विकास के अवसर तलाशने और प्राप्त करने की प्रेरणा मिलती है|

Growth Mindset वाले व्यक्ति चुनौतियों और असफलताओं का मुकाबला करने के लिए तैयार रहते हैं वे चुनौतियों से निराश होने के बजाय उन्हें आधुनिक Roadblocks समझते हैं जो मेहनत और समर्पण से पार हो सकते हैं ऐसे लोग

घटनाओं से सीखते है और उन्हें विकसित करने का gyan होता है ये जानते हुए भी कि हर असफलता उन्हें सफलता की और एक कदम करीब ले जाती है यही दृढता उन्हें घटनाओं से मज़बूत और अधिक दृढ़ बना देती है |

ऐसे लोग पूरी उम्मीद और उत्साह से चुनौतियों का सामना करने की लिए तैयार रहते हैं ऐसे लोग असफलता को सीखने का एक प्रकृतिक हिस्सा समझकर अपने पूरे potential को खोज लेते हैं और अपने लक्ष्यों को प्राप्त करते हैं |

Growth mindset वाले लोगों को एक फायदा यह भी होता है की Growth Mindset वाले लोगों की सीखने और संवेदनशील बनने की क्षमता मे ग्रोथ होती है ऐसे लोग मानते हैं कि उनकी क्षमता मेहनत और समर्पण से विकसित की जा सकती है ऐसे लोग नये ध्यान और अनुभवो को ज्यादा तीव्रता से ढूँढ़ने के लिए उत्सुक हो जाते हैं यही उत्साह उन्हें सीखने को आसानी से नयी परिस्थितियों और चुनौतियों का सामना करने की क्षमता देता है क्योंकि ये हर अवसर को अपनी क्षमताओं और समझ को विस्तारित करने का अवसर समझते हैं चाहे ये कोई नयी क्षमता

सीखना हो, कठिन Task को सीखना हो या उनके वातावरण में बदलाव का सामना करना हो |

Growth Mindset वाले लोग जीवन की मुश्किल को जिज्ञासा और सकारात्मकता से पार कर सकते है | Growth Mindset वाले लोगों में एक और चीज़ होती है वे चुनौतियों का सामना करने, मज़बूती से विकास करने की क्षमता होती है|

इस Mindset वाले लोग घटनाऐं और असफलता को विकास और सीखने का अवसर समझते है, वै चुनौतियों से निराश होने के बजाय वे उन्हें Temporary रुकावटे मानते हैं जो मेहनत और प्रयास से पार हो सकती हैं|

यही मज़बूती उन्हें प्रभावित और अधिक द्द्ढ़ बनाती है ताकि ये नयी चुनौतियों के साथ आत्मविश्वास और आशा के साथ सामना कर सकें | असफलता को एक सीखने या प्रकृतिक हिस्सा मानकर ग्रोथ MINDSET वाले व्यक्ति कठिनाईयों का सामना करने में अधिक उत्सुक होते हैं और उनसे समझोते के रास्ते से मज़बूती से बाहर निकलते हैं |

Growth Mindset का एक और सकारात्मक प्रभाव रिशतों और सज्जता पर होता है इस Mindset वाले व्यक्ति फीड बैक और रचनातमक आलोचना के प्रति ज्यादा खुले होते हैं जो बेहतर संवाद और सहयोग को बढ़ावा देते हैं, वे अलग अलग द्दष्टिकोण सुनने के लिये तैयार होते हैं अपनी प्रक्रिया को Adjust करने के लिए तथा लक्ष्यों की और मिलकर काम करने के लिए तैयार रहते हैं, इस Feedback और सहयोग के प्रति खुला होना व्यक्तिगत रिश्तों को मज़बूत करता है, विश्वास और सम्मान को बढ़ाता है और टीमवर्क को सुधारता है | दूसरों के योगदान की कदर करते हुऐ और अपने और अपने आस पास के व्यक्तियों में विकास की संभावना को पहचान कर Growth Mindset वाले व्यक्ति एक सहयोगपूर्ण और शक्तिशाली वातावरण बनाते हैं जहाँ सभी तरक्की कर सकते हैं |

Growth mindset वाले व्यक्ति अपनी क्षमताओं को बढाने की Practice करते हैं वे चुनौतियों को एक सकारात्मक नज़र से देखते हैं उन्हें अवसर समझते हैं सीखने और विकास के लिए मुश्किल परिस्थितियों से घबराने या निराश होने के बजाय वे अपना ध्यान केंद्रित रखते हैं और समाधान ढूंढने में लगे रहते हैं यही नजरिया उन्हें रचनात्मक विचार विपरीत प्रक्रियाओं का अध्ययन और अपने प्रयासों को आवश्यकता अनुसार समय के साथ बदलने की क्षमता देती है चुनौतियों को ग्रहण करने और उनसे सीखकर ग्रोथ माइंडसेट वाले व्यक्ति विकसित समस्या समाधान क्षमता में विकसित होते हैं|

Growth Mindset भी बढ़िया प्रेरणा और सफलता का कारण बनता है जब व्यक्ति मान लेता है कि उनका प्रयास उन्हें विकास और सफलता की और ले जा सकता है तो वे अधिक संभावित रूप से ऊंचाई को छूने का फैसला लेते हैं और प्राप्त करने की दिशा में मेहनत करते हैं, वे Task को उदेशय और दृढता के साथ समझते हैं ये जानते हुए भी कि उनके प्रयास लम्बे समय तक fail होंगे यही आंतरिक प्रेरणा चुनौतियों और असफलताओं के मुकाबले में आगे बढने के लिए प्रेरित करती है | जिससे उनको सफलता और संतुष्टि के उच्च स्तर तक पहुंचने में सहायता मिलती है एक Growth Mindset को बढ़ाना व्यक्ति को उसके पूरा पोटेंशियल प्रकट करने और उनके लक्ष्यो को व्यक्तिगत और व्यावसायिक जीवन में प्राप्त करने में मदद मिलती है|

एक Growth Mindset को बढ़ाना शुरू होता है Challenges को समझकर, Accept करने से, इस mindset वाले लोगो को मुश्किल काम से भागने के बजाय मुश्किलों को समझकर उनसे सीखने का अवसर ढूंढ़ते है | ऐसे लोगो को पता होता हैं की चुनौतियों रास्ता नही बल्की तरक्की के पत्थर हैं Challenges को अपनी इच्छा से लेकर चाहे वे कोई नया काम सीखना हो या फिर किसी मुश्किल समस्या का समाधान ऐसा व्यक्ति मेहनत और दृढता को विकसित करते हैं जो उन्हें हर तरह की जीवन में सफलता पाने में मदद करता है| Challenges को Accept करना ऐसे लोगों के लिए नये मौकों के दरवाज़े खोलता है एक Growth Mindset में असफलता को एक मूल्य अवसर के रूप में समझा जाता है,

इस माइंडसेट को बढ़ाने में शामिल है असफलता को नकारात्मक नतीज़ों नहीं बल्की एक महत्वपूर्ण अनुभव के रूप में देखना |

ऐसे लोग मानते हैं कि गलतियों को रुकावटों को तरक़्क़ी की तरफ एक कदम माना जाए ,असफलता से सीखने का यह द्दषटिकोण उन्हें द्दढता प्रदान करता है और उन्हें यह समझने में मदद करता है कि हर बाधा उन्हें सफलता की और एक कदम करीब ले जाती है|

एक Growth Mindset वाला व्यक्ति फीडबैक को माँगने में सकारात्मक नज़रिया रखते हैं ऐसे mindset वाले व्यक्ति समझते हैं की रचनात्मकता आलोचना शिक्षा और विकास के लिए एक महत्वपूर्ण उपकरण है, ऐसे लोग फीडबैक से घबराते नही बल्कि उन्हें अपने काम की विकास की दिशा में समझने की कोशिश करते है की feedback का सहयोग भी रोशनी में लेकर उन्हें लगातार शिक्षा की और बढ़ने को दिशा में प्रेरित करता है, फीडबेक माँगने और सुधार के लिए प्रयास करते वक्त व्यक्ति एक सकारात्मक द्दष्टिकोण की और बढ़ता है |

Career

mindset करियर के मार्ग में बहुत प्रभाव डालता है Growth Mindset वाले व्यक्ति अपने करियर में उत्कर्ष प्राप्त करते हैं वे चुनौतियों को सीखने और विकसित करने के रूप में देखते हैं जो नई ज़िम्मेदारियो को स्वीकार करने और करियर की उन्नति की तलाश करने की इच्छा को बढाता है विपरीत रूप से एक Fixed Mindset करियर की तरक्की को रोक सकता है जो लोग ये मानते हैं कि उनकी क्षमताएँ निशचित हैं वे नई चुनौतियों का सामना करने या गलती करने से बचते रहते हैं यह Mindset कारोबारी विकास को सीमित कर सकता है और करियर के लक्ष्यों की धारा को प्रभावित कर सकता है |

Fixed Mindset और Growth Mindset का अंतर समझने से हमारे जीवन को रचने में एक शक्तिशाली बल होता है यह सिर्फ विचारों को प्रभावित करने के लिए नहीं है बलकि ये हमारे काम प्रतिक्रिया और जीवन के व्यापका Quality को भी प्रभावित करता है, फिक्स्ड और ग्रोथ

माइंडसेट के बीच के फर्क को समझने से व्यक्ति अनुभव करता है कि कैसे चुनौतियों,प्रतिक्रियाओं और विभिन्न पहलुओं में उन्हें अनुभवित होने वाले परिणामों को चयनित करने में मदद की जा सकती है |

अब आप समझ गए होंगे कि कैसे Fixed Mindset और Growth Mindset हमारे जीवन की दिशा को तय करते हैं इसलिये चुनौतियों से घबराने के बजाय उनका बहादुरी के साथ सामना करें और Growth Mindset के साथ life को Enjoy करें |

लगातार सीखते रहे और आगे बढते रहे |

6. Books पढ़ने के फायदे |

किताबे हमारे साथ युगों से रही है जिनके जरिये विजय प्रेम और Gyan की बातें बतायी गयी है इनसानी सभ्यता की शुरुआत से लेकर पढ्ने के जरिये ज्ञान प्राप्त करने का एक द्वार रहा है| जिससे हम दूसरों के अनुभव से सीख सकते हैं और अपनी दुनिया का ज्ञान बढ़ा सकते हैं, इतिहासिक महत्व के अलावा खुद पढने का काम अपने आप में मानसिक लाभ देता है यह हमारे दिमाग़ की एक Exercise है जिससे दिमाग को क्षमता और लाचारी में सुधार होता है |

पढने का फायदा शैक्षिक और कारोबारी जीवन की दिशा में भी होता है | शैक्षिक सफ़लता अक्सर पढ़ने की आदत से जुड़ी होती है जिसकी वजह से ज़रूरी क्षमताओं और सकारात्मक सोच और संवाद को बढ़ावा देने में मदद मिलती है, एक अच्छे पढे लिखे व्यक्ति को ज्ञान का खजाना और सुद्दढ अनुयायी क्षमता प्राप्त हो ती है जो कारोबार की दिशा को बढाने में मदद करती है| बुक पढ़ने का असल मतलब है हमारे और लिखित शब्दों के बीच गहरा संवाद जो कि जानकारी को इकटठा करना है, लेकिन बुक पढने से हमारा ज्ञान विश्वसित होता है |

बुक पढ़ना मानसिक संबंध और शिक्षा का एक क़ीमती हिस्सा है बुक पढने से इंसान केवल जानकारी ही नहीं इकटठी करता है बल्कि इससे इंसान बुद्धिमान भी होता है | जो इस दुनिया भर के इतिहास में पढाई के एक बड़े मायने रहे हैं | जो समाज, संस्कृति और व्याक्तियों के निर्माण में सहायक हुआ है सोचो अगर आप ऐसी जगह पैदा हुऐ होते जहाँ पढ़ाई कर पाना असंभव होता | समय के साथ साथ समाज में सुधार होने पर पढाई का महत्व भी बढ़ गया जो शिक्षा और संशोधन का मार्क बन गया |

15वी सदी में जोहान गुटेनबर्ग के द्वारा बनायी गयी प्रिंटिंग प्रेस ने Game को बदल दिया, अचानक से किताबें एक बड़ी Audience के लिए ज्यादा उपलब्ध हो गयी जिसकी वजह से पढने वाली एक क्रॉंति का जन्म हुआ,

अलग अलग जीवन के लोगों को नया विचार Explore करने, पुराने विचारों को challenge करने और ज्ञान को अपने समुदाय से बाहर शेयर करने क्षमता की मिली | समाजिक परिवर्तन और क्रांति के समय किताबें अक्सर आनदोलन को बढ़ावा देती रही हैं | दार्शनिक और राजनीतिक विचारों के लिखावटों ने नये विचारों को आज़ादी समानता और इंसानी अधिकारों के विचारों में बदलने में अहम किरदार निभाया है |

जब आप किताब पढते है तो आपके दिमाग के अलग अलग हिस्से एक साथ काम करने लगते हैं| जब आप शब्दों और वाक्यों को समझते हैं और मन की आँखों के सामने दृश्य बनाते हैं यह गतिशील प्रक्रिया दिमाग की की क्षमता में सुधार करती है आपके दिमाग की काम करने की शक्ति को सुधार देती है|

जब आप एक किताब में डूबते हैं तो आपके दिमाग के न्यूरल कनेक्शन मजबूत होते है जिसकी वजह से Mental Muscles बनते हैं| जितना आप अधिक पढते हैं उतना ही आपके दिमाग की प्रतिरोधक क्षमता और चंचलता बढ़ती है यह दिमाग की क्षमता में सुधार सिर्फ पढाई करने के कार्यक्रम तक सीमित नही होता ब्लकि आप ज्यादा बुद्धिमान बनते हैं |

मैं आपको बता दूँ कि पढाई आपको ऐसे शब्दों से मिलाती है जो आपको रोज़ मर्रा की बातचीत में नहीं मिलेंगे, जितने ज्यादा आप शब्दों से परिचित होते हैं उतना ही आपके अल्फ़ाज़ ज्यादा दुरुस्त होते हैं जब आप ज्यादा जानते हैं तो आप अपने विचारों को स्पष्ट रूप से व्यक्त कर पाते हैं और आपको गंभीर विचारों को समझने में भी मदद मिलती हैं |

अगर आप किताबें पढने की अपनी आदत बना लेते हैं तो आपको खुश हो जाना चाहिए क्योंकि यह दार्शिनिक मंथन का ज़रिया है जो आपको नये दृष्टिकोण तक पहुँचाता है, समस्याओं और संकट का सामना करते वक्त आप अपने दिमाग को तेज़ी से इस्तेमाल करके समाधान निकालने की क्षमता को विकसित करते हैं | आपको यह सीखने का मोका मिलता है |

कजीवन की विपरीत परिस्थितियों का सामना करना भी संभव है और यही प्रक्रिया आपके सोचने की क्षमता को सुधारने में मदद करती है |

पढाई केवल ज्ञान प्राप्ति के बारे में नहीं है ये आपके दिमाग को तेज़ी से सोचने की क्षमता देता है जिससे आप जीवन की जटिलताओं को सूझ बूझ से और जानकारी भरपूर दृष्टि से समझ सकते हैं | किताबें पढने का सफर ऐसा है जहाँ हर किताब हमें विचारों के नये सफर की शुरुआत पर ले जाता हैं और आपकी सही समझ का रास्ता खुलता है जब भी आप कोई नई किताब पढ रहे होते हैं तो आप केवल शब्दों को नहीं पढ रहे होते हैं ब्लकि आप ज्ञान, बुद्धि और एक तेज़ दिमाग को तलाश कर रहे होते हैं |

ऐक अच्छी किताब में खो जाना ऐसा है जैसे अपने दिमाग के लिए एक आश्रम में प्रवेश करना रोज़मर्रा की जिंदगी की भाग दौड़ में तनाव एक अनचाहे बोझ की तरह जमा हो जाता है लेकिन जब आप अपने आपको एक कमाल की कहानी में डुबो देते हैं तो आप एक यात्रा पर निकल जाते हैं जिसकी वजह से आपके Stress का लेवल कम हो जाता है |

इससे अलाव खुद किताब पढना भी ऐक मनोरंजन अनुभव उत्पन्न करता है जो तनाव से निजात दिलाता है| पढाई हमारे टाइम पास करने के लिए नहीं है ब्लकि यह आपने दिमाग को तेज़ बनाने में सक्षम और जीवन के रोज़ मर्रा के Challenges के लिए तैयार बनाना है|

जब आप किसी कैरेक्टर को मुशकिलें, खुशियो या दुखी दखते है तो आप उनके जजबात में समा जाते हैं, यह गहरा अनुभव साथियों के साथ हमारी पुरानी दोस्ती को मजबूत बनाती है जैसे ही आप कैरेक्टर की भावनाओं का अनुभव करते हैं आपका मनोबल बढने लगता है|

इसके अलावा अलग अलग कैरेक्टर और कहानी रेखायें पढ़ने से पढ़ने वालों को अलग अलग दृष्टिकोण और अनुभव का सामना होता है चाहे वे किसी अलग संसंकृति, पीढ़ी का कैरेक्टर हो या किसी युनिक Challenges का सामना कर रहें

किसी की जीत का यही कहानियाँ पढने वालों को अपने भवनात्मक Comfort Zone से बाहर निकलने में मदद करती है|

बुक पढने का एक Social फायदा यह भी है कि ये हमारी हमदर्दी और समझ में सुधार करता है जब आप अलग अलग किरदारों के जीवन में घुस जाते है और उनके अनुभवों को जान लेते हैं तो आप मानव स्थिति से गहराई के साथ जुड़ते है और भी रीडिंग के ज़रिये उत्पन्न होने वाली हमदर्दी और व्यक्तीगत दृष्टिकोण की सीमाओं को पार कर जाती है यह एक समय का उपकरण बन जाता है जो समाजिक भेदभाव को तोड़ने में और एक सहायता बन जाता है |

किताबें सिर्फ कहानियों का वर्णन नही है ब्लकि भाषा और संचार के रूप में भी है| अलग अलग लिखने की शैलिया, भाषा और कथनो के साथ जुडकर आपको असली दुनिया में अपनी कला को सुधारने में मदद करती है, विभिन्न व्यक्तिगत रूप से जिसकी वजह से आप अपने विचारों को अधिक सुधार और प्रभावित तोर पर व्यक्त कर सकते | किताबें पढने से आपके सुनने की क्षमता भी सुधर जाती है,जब आप किसी किताब के अंदर संवादो में घुस जाते है तो आपके सोचने समझने की क्षमता में सुधार होता है, कहानियों के अंत में संकट और उनका हल से |

अकेले पढ़ने के अलावा किताबें लोगों को एक साथ लाने की अद्भुत शक्ति देती है Book Clubs और चर्चा स्थल लोगों को मिलाने के लिए एक समाजिक स्थल प्रदान करता है जहाँ अलग अलग हालात और नज़रिये वाले लोगों का मिलना होता है, यही समुदाय और दोस्ती की महफ़िल बनाता है|

Formal Education के अलावा बुक रीडिंग के फायदे लाइफ लॉन्ग सीखने और इंसान को तरक़्क़ी तक पहुंचाता है, बुक पढना एक ऐसी द्वार है जो इंसान को ज्ञान प्राप्त करने, नये Ideas Explore करने और अपने जीवन में Skills को सुधारने का और सफर को जारी रखने में मदद करता है| बुक पढने का असर करियर डेवलेपमेंट पर गहरा होता है|

इंसान का व्यक्तित्व बढने का सफर अक्सर खुद जागरूक रहने के साथ शुरू होता है और इंसान जितना किताबें पढ़ने से जागरूक होता है उतना शायद ही किसी और चीज़ से होता है| जब इंसान किसी के जीवन के

किरदार के बारे में पढता है तो उसको अपने खुद के विचारों, भावनाओं और अपने लक्षय पे उसको असर मिलता है|

मान लीजिए कोई इंसान अपने काम में फेलियर का सामना कर रहा है और जब वो दुनिया के कामयाब लोगों के जीवन के बारे में पढता है तो उसे पता चलता है कि वे जिन लोगों को वे कामयाब समझ रहा है और ये सोच रहा है वो लोग रातों रात कामयाब हो गए उन्होंने कितने फेलियर का सामना किया है तो उसको अपना फेलियर बहुत छोटा लगने लगता है जिसकी वजह से इंसान को आगे काम करने की प्रेरणा मिलती है |

अब मैं आपको कुछ लाईन में ही किताब पढ़ने के फ़ायदे के बारे मे बताने की कोशिश करूँगा- कोई भी किताब हमारे बीच ऐसी ही नही आ जाती हम यह सोचते हैं कि हम दो सौ- तीन सौ रुपये की जो बुक भी लेते हैं और लेते Time यह सोचते हैं कि इसका प्राइस बहुत ज़ियादा है दरअसल काई भी किताब जो आप लेते वह एक Gift होती हैं Author की तरफ से हम जो 200-300 रुपये pay करते हैं, आपको पता है कि आप वो 200 या 300 रुपये जिस बुक के लिये Pay करते हो? वह उसकी कीमत हैं जो Author ने एक साल या दो तीन पाँच साल उस बुक को लिखने में लगाये हैं, वह उसकी कीमत होती है|

और याद रखे आप जिस टाईम अपनी School शिक्षा पूरा कर लेते हैं वही शिक्षा आपके लिए काफी नही है, आपकी School की Education के बाद आपको जिस काम में भी Expert बनना है उससे Related Books पढें, जब आप अपने काम से Related बुक पढते हैं इसकी वजह से आप बहुत सारी गलतियाँ करने से बच जाते हैं, जब आप गलतियाँ

करने से बचते हैं तो आपका Time भी बचता हैं जब आपका Time बचता है तो आप कम Time में ज्यादा काम करने लगते है जिसकी वजह से आप कामयाबी को जल्द छू लेते हैं |

किताबें अलग अलग पहलुओं को दिखाने वाली आईना बन जाती हैं जो आपके खुद के विचारों और भावनाओं को विचार करने के लिए प्रेरित करती हैं, ये खुद पर विचार करने का समर्थन हैं जिसमें आप अपनी

आत्मा की गहराइयों में झाँकने का ज्ञान अवसर पाते हैं और अंतरआत्मा चिंतन में वृद्धि करते हैं |

आज की दुनिया के शोर में किताब पढने का आमंत्रण व्यक्तिगत संतोष के लिए बहुत ज़रूरी है| किताबें पढने के फ़ायदे सिर्फ बुद्धिमान क्षेत्र तक सीमित नहीं होते भावनात्मक (Emotional), सहनशीलता, समाजिक और गहरे सुख भावनातक विस्तारित होते हैं |

किताबों के पढने को कल्पना ज्ञान और खुद जागरूकता के अनजाने क्षेत्र में किताब पढने को जीवन भर का साथी बनाओ जो आपको ज्ञान, साहस और ऐेक अटूट जिज्ञासा के साथ जिंदगी के साथ चलने में मदद करेगा |

जब आप कुछ पलों के लिए पनने बदलते हो उस वक्त आपको ये समझना चाहिए कि आप अपनी Life को बदलने की यात्रा पर हो इसीलिये पढते रहिये, सीखते रहिए और आगे बढ़ते रहें |

लगातार सीखते रहे और आगे बढ़ते रहे |

7. Problem Solve करके अमीर बने |

अगर हम देखे आज के दौर में जितनी भी सुविधाओं में हम जिंदगी जी रहे हैं, अगर हम देखे कि साल 1950 में इतनी Facilities नही होती थी जितनी आज के दौर में है | अगर हम देखें यह जो दुनिया हमें इतनी बदली हुई नज़र आ रही है इसके अंदर लोगों ने लगातार Problem को Solve किया है | Problem Solve करने की वजह से आज हम इतनी Facilities को Use कर रहे हैं आपको यह देखना है कि आपकी दिलचस्पी किस चीज़ में है और वह क्या चीज है जिसमें आपकी दिलचस्पी है और वह लोगों की ज़रूरत है | जब आप अपनी दिलचसपी और बाजार की Need का Combination कर लेते हैं तो वह आईडिया पावरफुल आईडिया बनता है |

याद रहे आप जिस लेवल की Problem को solve करेंगे आप उतने ही पैसे कमाने वाले है याद रखें आप को केवल किसी भी समस्या को देखना है, और उसका समाधान खोजना है | याद रखें आपके दिमाग में जो भी काम करने का विचार है, उस पर Research करके और उसके दोनो पहलुओं को देखकर Action ले |

Problem Solving वो Process है जिसमें हम किसी भी मुश्किल या समस्या का हल निकालते है,जो हमारी जिंदगी के अलग- अलग पहलुओ में आती है इसमें समस्या को पहचानना उसके कारण को समझना और उसका Solutionनिकालना शामिल है यह कला जिंदगी में Challenges को पार करने और मंज़िल तक पहुंचने में मददगार होती है, समस्या का हल निकालने के लिए लोग Logic रिसर्च और Experiment का सहारा लेते हैं Problem Solving Skills किसी खास क्षेत्र में सीमित नही है , ब्लकि ये जीवन के विभिन्न क्षेत्रों में उपयोगी है जैसे व्यक्तिगत शिक्षा से संबंधित और व्यवयासित हालातों में समस्या को हल करने में, किसी

गंम्भीर Task को पूरा करने में problem Solve की क्षमता एक महत्वपूर्ण संपत्ति है |

Problem Solving का मतलब Proactive सकारात्मक और बदलाव शील होना है,ये व्यक्ति को मुशकिलात को पार करने, सूझ-बूझ से फैसले लेने और अपने लक्ष्य हासिल करने में मदद करता है |

Problem Solving Skills हर दिन के जीवन की मुश्किलात का सामना करने के लिए ज़रूरी है संबंधों में मुश्किलात का सामना करना, स्वास्थ्य पर फैसले लेने तक Problems Solving कामयाबी और कुशलता को हासिल करने में एक मुख्य भुमिका निभाती है |

कारोबारी हालात में Problem Solving Skills को इंडस्ट्रीज़ के सभी क्षेत्रों में बढ़ावा दिया जाता है| कर्मचारी जो समस्या को पहचान सकते हैं, Data को पहचान कर और विचार और एक Strong समाधान विकसित कर सकता है और भी Problem Solving Skills केवल तुरंत समाधान ढूंढ़ने के बारे में नही? ब्लकि भविष्य में होने वाली समस्याओं को रोकने के बारे में भी है मूल कारणों की पहचान करते हुए और Proactive रणनिति को Implement करते हुऐ व्यक्ति और संगठन भविष्य के संकट से बच सकते हैं और अपने काम में सुधार कर सकते हैं |

पहला कदम समस्या को पहचानने और साफ तौर पर विवरण देना है, इसमें उन चीजों को पहचानना शामिल है जो काम नहीं कर रही है या तकलीफ पहुँच रही है इसमें समस्या को नियमित और साफ विवरण देना महत्वपूर्ण है ताकि समस्या को आसानी से Solve किया जा सके |

समस्या की पहचान पर ध्यान देना ज़रूरी है, मान लेते हैं कि अगर कोई काम नियमित रूप से समय से ज़्यादा देर में होता है तो यह Problem का संकेत हो सकता है | किसी भी Problem को सबसे पहले पूरी डिटेल्स के साथ समझे जिसमें न उसके फ़ायदे और नुकसान के बारे में भी चर्चा करें | यही कदम Problem को Solution के लिए सही Goal set करने में मदद करता है और यह भी सुनिशचित करें कि इसमें सभी लोग समस्या को समझ रहे हो कि

समस्या क्या है?

कब होती है?

ये कहाँ होती है?

कौन इससे प्रभावित होता है?

यह समस्या क्यों है?

यह दूसरे कामों पर कैसे असर डाल रही है?

जब हम समस्या को पहचान और डिटेल्स में समझ लेते हैं तो समस्या का समाधान खोजने और उससे निपटने में आसानी होती हैं।

समस्या की पहचान और विवरण देने के बाद अगला कदम उसके मुख्य कारणों का विशलेषण करना है,जैसे इसमें समस्या क्यों हो रही है, इस बात को गहराई से समझना |मुख्य कारणों का विश्लेषण करने के बाद समस्या को पैदा करने वाले मूल कारणों को समझने में मदद मिलती है, यह एक प्याज के छिलके को हटाने की तरह है जिसमें मूल समस्या तक पहुंचने की कोशिश की जाती है, उदाहरण के लिए अगर दो Projects नियमित रूप से समय से पीछे है, तो मूल कारणों में उलझाव पूरी Resources गलत तरीके से Planning या संवाद की कमी हो सकती है। मुख्य कारणों का विश्लेषण करने में उपयोगी ज्ञान और Data जमा करना होता है जिसमें इंटरव्यूज़ सर्वे या पिछली Performance की जाँच को शामिल कर सकते हैं इसके लिए ज़रूरी है कि विश्लेषण के लिए वास्तविक Data का यूज़ किया जाए।

समस्या को समाधान करने में महत्वपूर्ण जानकारी और Data जमा करना सही फैसलों को लेना और प्रभावी समाधान विकसित करने में मददगार साबित होता है।

जब आपको एक समस्या का समाधान करने के लिए कई विकल्प का सामना करना पड़ रहा हो तब हर विकल्प के फायदे और नुकसान का मूल्यांकन करना बहुत जरूरी है इसमें आपके लिए हर चीज़ के फायदे और नुकसान की जाँच करना जरूरी है ताकि आप सही फैसला कर सकें, कि इसको कैसे कर सकते हैं।

1. फायदे को पहचानें → जैसे हर समाधान के संभव लाभ की List बनाए जैसे समस्या का समाधान कितना कारगर है जैसे Cost Skill क्षमता, Stakeholders पर सकारात्मक प्रभाव और लक्ष्य और उपदेशयों से मेल करना |

2. नुकसान को ध्यान में रखें → अगला कदम यह है, हर काम के संभव नुकसान या कमियों को पहचानें जैसे विफलता की स्थिति के लोगों की शिकायतें, Resources की ज़रूरत, Risk और साथी प्रक्रियाओं या अवस्थाओं के साथ संबंधित प्रश्नों का समाधान |

3. फायदा और नुकसान का सोचना → निर्णय लेते समय फायदा और नुकसान के बारे में अच्छी तरह सोच लें ताकि आप निर्णय लेते समय कमजोरियों और शक्तियों के बारे में Visualize कर सकें |

याद रहे कि आपके पास हर समाधान के साथ जुड़ी सभी जरुरी जानकारी और Data हो इसके लिए आप Stakeholders के सुझाव Cost Risk Assessment और प्रभावी Analysis की Help ले सकते हैं | जो भी जानकारी आपने हासिल की है उसको Analysis करे ताकि आप संभव असर और प्रभाव को समझ सके |

किसी भी Problem को solve करते Time यह जरूर सोचें कि इसको कितने कम Time में कर सकते हैं?

कैसे कर सकते हैं?

कितनी जल्दी कर सकते हैं?

और कितने बेहतर तरीके से कर सकते है?

हर Solution के खतरे को पहचानें, हर Solution के खतरे को कम करने के लिये Plan बनायें, हर समाधान के परिणाम पर विचार करें, सकारात्मक और नकारात्मक दोनों तरफ से यह ज़रूर सोचें कि समाधान का निर्णय Stakeholders, प्रक्रियाओं Resources, समय रेखा और सामन्य Project की सफलता पर कैसे असर डालेगा |

समाधान लागू करने से लिए उद्देश्य और लक्ष्यों को स्पष्ट रूप से निर्धारित करें कि क्या हासिल करना है, और कब तक हासिल करना है, Goal को हासिल करने के लिए छोटे-छोटे टुकड़ों में बांट दे ,

जिसकी वजह से काम को आसनी से समझा जा सके| प्रगति को Track करने और सफलता को मापने के लिए चेक पॉईट बनाऐं ताकि आप काम की प्रगति को चेक कर सके| काम को लागू करने के लिए Team Members को साफ तोर से जिम्मेदारी समझायें कि आपको काम को कितने टाइम में करना है, सबसे पहले हमें अपने Solution के Outcome को Access करना होता है इसमे यह समझना जरूरी है की क्या हमने वह Results Achieve किये है जो हमने Expect किये थे |

Stakeholders से FeedBack लेना भी Important है, उनके नज़रिये को समझना और उनकी राय लेना हमें हमारे Solution को Effectiveness के बारे में और भी Insights देता है| Metrics का use करके हमें अपने Indicators को Measure करना चाहिए | यह हमे Clear आइडिया देता है कि हमारा Solution कितना Effective रहा है |

अगर हमें लगता है कि हमारा Solution और बेहतर हो सकता है तो हमें Improvement identify करनी चाहिए, यह हमारी Future Strategies को Improve करता है, हर Solution का Review करके हमें कुछ ना कुछ सीखने को मिलता है इसलिए हमें अपनी गलतियों और सफलता से सीखकर आगे बढ़ते रहना चाहिए |

सफलता के Factors को समझना बहुत जरूरी है जिसकी वजह से हमें पता लग सके कि किस तरह के फैसले और Actions हमें सफलता तक ले जाते हैं, असफलता से हमें यह समझने को मिलता है कि क्या गलतिया हुई और हम उनसे कैसे सीख सकते हैं इससे हम अपनी Future Strategies को Improve कर सकते है|

सफलता के Cases में हमें Best Practices को Follow करके अपने काम को और बेहतर बना सकते हैं इससे हमारा Performance

Improve होता है, Feedback लेकर अपने काम को बेहतर बनाये और लगतार हमे

सीखने को अपनी आदत बना लेना चाहिए | Problem Solving Process एक मुख्य कदम से शुरू होता है जो समस्या को साफ़ रूप से पहचान करके उसके मूल कारणों को समझने से और Relevant जानकारी और

Data को इकटठा करने से काम को समझने में मदद करता है |

Decision Making एक बहुत महत्वपूर्ण भाग है जब एक Solution चुना जाता है तो एक्शन पलान Develop करना Resources और Responsibilities को Allocate करना और Progress को Monitor करना Successful Implementation के लिए ज़रूरी है |याद रखें आप अकेले किसी भी Problem को Solve नही कर सकते इसके लिए आपको Team बनाकर उनका सहयोग लेना बहुत ज़रूरी है। इसके लिये आप Team के बारे में 2nd Chapter को पढें |

लगातार सीखते रहे और आगे बढते रहें |

8. अपने काम के लिए Mentor / Expert लोगो को चुने

Mentors और Experts का मुख्य काम, ज्ञान और बोध को अगली पीढ़ी तक ले जाने का होता है, वे ज्यादातर Problem को गहराई से समझते है और उन्हें दूसरों के लिए आसान बनाने की क्षमता रखते हैं| Mentors अपने अनुभव का प्रयोग करते हैं सफलताओं और असफलताओं से, ऐक Mentor या Expert ज्ञान और दिशा का एक प्रकाश होता है | Mentors और Experts के अक्सर बड़े नेटवर्क होते हैं | अपने कारोबारी क्षेत्र में उनसे जुड़ने से व्यक्ति को काम के अवसर तलाशने में मदद मिलती है, जैसे नौकरियाँ, सहयोग और Relationship इंसान को प्रभावशाली संपर्क से परिचित कराते है और सुझाव देते हैं जो नये अनुभवों और विकास के अवसर को खोल सकता है| Mentors और Expert फैसले लेने और समस्या-समाधान के उपर अपने अनुभव से मार्गदर्शन करते हैं|

Mentors और Experts खुद के और कारोबारी विकास में महत्वपूर्ण भुमिका निभाते है और बेहतर निर्णय लेने और समस्या-समाधान Skill की पूरी List प्रदान करते हैं उनका योगदान इंसानी विकास सफलता और आनंद में लम्बे समय तक असर डालता है | Mentor और Experts अपने-अपने Field में सालों के समर्पित काम से बेहतरीन अनुभव और महारत को हासिल करते हैं उनकी गहरी समझ Industry Trends को बेहतरीन प्रकार से और बदलते Technologies की महत्वपूर्ण जानकारी से भी हमारा मार्दर्शन करते है|

उनका यह अनुभव केवल व्यक्तिगत ही नही ब्लकि व्यवयासिक भी होता है क्योंकि Mentors अक्सर Real World Challenges और सफलताओं से ज्ञान भी प्राप्त करते हैं जो सीखने के अनुभव को और भी मज़ेदार बना देता है |

Mentors और Experts निरंतर (लगातार) अपने ज्ञान और कला को अपडेट करते हैं ताकि वे तेज़ी से बदलते माहौल में जमे रहें, वे Workshops, Seminar और Training प्रोगामस में शामिल होते हैं ताकि उन्हें नये विकास और आने वाले Trends के बारे में पता रहे | यही बदलाव सीखने की वजह, Mentors को उनके क्षेत्र में आगे रहने में मदद करती है जो उन्हें वर्तमान Challenges का समाधान करने और Mentors को भविष्य के लिये तैयार करता है |

"सफलता" Mentorship का एक मूलभूत स्तम्भ प्रभावशाली कम्युनिकेशन है और Mentors/ Experts इस पर महारत रखते हैं और उनके पास मजबूत वर्बल और लिखित Communication Skills होती है जो उन्हें विचारों Concepts और प्रतिक्रिया को सपष्ट और प्रभावित तरीके से व्यकत करने की अनुमति देती है | उनकी क्षमता आम तौर जानकारी को मुखतसर और समझने योग्य तरीके से व्यक्त करने में मदद करती है |

इसके अलावा Mentors और Experts महिर सुनने वाले भी होते हैं जो दूसरों के नज़रिये और अनुभवों को महत्व देते है और सम्मान करते हैं | वे Mentees के समस्याओं और उददेशयों को अच्छी तरह सुनते हैं | ऐक सुरक्षित एवम् समर्थन वातावरण बनाकर संवाद और सहयोग के लिए ध्यान से सुनने से Mentors, Mentees की ज़रूरत और Challenges में गहरी समझ प्राप्त करते हैं जो उन्हें सही मार्गदर्शन और सूरत प्रस्तुति प्रदान करने की क्षमता प्रदान करता हैं |

याद रखें Mentors Aur Experts लगातार सीखने और विकास की मंशा को व्यक्त करते हैं| वे Mentees के जीवन भर सीखने के लिए Role Models का काम करते हैं वे Passion और नये विचारों Trends और दृष्टिकोण को Explore करने की उत्सुक्ता दिखाते हैं | इस लगातार सीखने की वजह से Mentees को भी Similar Mindset Adopt करने की प्रेरणा मिलती है जिसमें सीखने को जीवन भर की प्रक्रिया और खुद केऔर कारोबारी विकास के लिए अवसर ढूँड़ने का संकल्प होता है|

Mentors और Experts के पास Mentees को साफ और हासिल होने वाले लक्ष्य सेट करने में और उममीदों का प्रबंधन प्रभावी रूप से मदद करने का बुनियादी किरदार होता है | वे Mentees के साथ सहयोग के रूप में काम करते हैं ताकि वे छोटे और लम्बे समय तक के लक्ष्यों को पहचान सके| Mentors, Mentees को प्रेरित करते हैं की वे चुनौतीपूर्ण लेकिन काम के लक्ष्य सेट करें जो उनके मूल्यों शक्तियों और उद्देश्यों से अनुकूल हो |

Mentors Aur Experts लक्ष्यों और उम्मीदों का निर्माण करने की जिम्मेदारी को Mentees के साथ सहयोगी रूप से समर्थन करने और सफलता के लिए योजना विकसित करते हैं वे Mentees को ध्यान के साथ Motivated और प्रगति पर रहने में मदद करने के लिए मार्गदशन संसाधन और जिम्मेदारी प्रदान करते हैं, एक Mentor या Expert होना सीखने और कला विकास तेज़ी से बढ़ा सकता है | Mentors व्यक्तिगत मार्गदर्शन दृष्टिकोण और साधन प्रदान करते हैं जो Mentees की जरूरतों और लक्ष्य पर आधारित होते हैं | वे अपने ज्ञान अनुभव प्रथाएं बाँटते हैं जिससे Mentees आम गलतियों से बच सकें और तेज़ी से सीख सकें| Mentors, Mentees को अपने comfort zones से बाहर निकलने और नया प्रक्रियाओं को Try करने की प्रेरणा देते हैं और अपनी क्षमताओं को बढ़ाने का मार्ग दिखाते हैं जिसकी वजह से तेज़ी से विकास हो सके|

Mentor या Expert कें साथ काम करने के एक बड़ा फायदा यह होता है की व्यक्ति का Network बड़ा हो जाता है और नये अवसर मिलते हैं | मैं आपको बता दूं कि Mentors के पास अक्सर Professional साथी, और इंडस्ट्री Contacts का बड़ा नेटवर्क होता है जो उन्हें Mentees से मिला सकते हैं यह बात और नये लोगों के साथ काम करना करियर के नये दरवाजा खोलता है, जिनको आप बिना Mentors की Help के बिना नही पा सकते,

Mentors और Experts का Mentees के confidence और Motivation को बढ़ाने में एक महत्वपूर्ण भूमिका होती है उनकी देख

रेख, प्रशंसा और सहायता के जरिये से Mentors, Mentees को अपनी योगयताओ पर विश्वास करने, सोच समझकर Risk लेना और लक्ष्यों की ओर बढ़ने में सक्षम बनाते हैं|

Mentor या Experts का एक मुख्य फायदा यह है कि आप अपनी विशेष ज़रूरतों और लक्ष्यों के तहत व्यक्तिगत मार्गदर्शन और सलाह प्राप्त करते हैं | Mentors समय निकालकर Mentees की शक्तियों, कमज़ोरियो, उद्देश्यों और Challenges को समझते हैं और उनके लिए खास तौर से तैयार की गयी Strategies और Action Plan बनाते हैं जो उनकी सफलता में सहायक हो | करियर Mentors / Experts वह प्रोफेशनल्स होते है, जो लोगो को उनके करियर के अलग तरीके बताते हैं. उनका काम होता है Mentees को करियर Goals सेट करने में मदद करना, Action Plans Develop करने में और Strategic Decisions लेने में ताकि उनके करियर को आगे बढ़ाया जा सके |

अपने Goal के लिए और ज़रूरत के हिसाब से Expert कैसे ढूंढे

पहला कदम एक Mentor या Expert को देखना और चुनने का यह है कि आप सबसे पहले अपने लक्ष्य और ज़रूरत को पहचाने कुछ समय निकालकर सोचिये कि Mentorship या Guidance के माध्यम से आप क्या हासिल करना चाहते हैं अपने प्रोफेशनल और व्यक्तिगत उददेशयों को अपने सामने आ रहे Challenges को और वह क्षेत्र जहाँ आप विकास या सुधार चाहते हैं सबको विचार में रखिये एक Mentor / Expert से ऐसे खास गुण- ज्ञान को स्पष्ट कीजीए जो आपके Goals को प्रभावित तरीके से हासिल करने में आपकी मदद करे|

एक आम समस्या Mentorship / Expertise संबंधों में समय और उपलब्धता की कमी होती है दोनो को Mentor / Expert और Mentee की तरफ से Mentor और Experts को अक्सर व्यस्त समय, काम की जिम्मेदारियाँ और बहुत सी चीजें जो उनको नियमित Mentership सेशन के किए सीमित करती हैं, ऐसे ही Mentees के पास भी व्यस्त समय काम के दबाव और खुद की ज़िम्मेदारी होती है जिसकी वजह से Mentorship में काफी समय देने में चुनौती पेश करती हैं |

इसका समाधान ये है Mentor और Expert Technology और Digital Tools का उपयोग करके दूर से Mentorship और कम्युनिकेशन को सहूलियत से कर सकते हैं जैसे Virtual Meeting, Video Calls, Emails और मेसेजिंग प्लैटफ़ॉर्म से समय और उपलब्धता की कमी को Metorshipl/Expertise संबंधों में समाधान करने का एक महत्वपूर्ण तरीक़ा हैं सही तरीके से अपनी बात करना Technology का सहारा लेना जिसकी वजह से तेज नतीजे हासिल किये जा सके |

Mentorship और Expertise, पर्सनल और प्रोफेशनल डेवलपमेंट में एक महत्वपूर्ण भूमिका निभाते है Mentors और Experts कीमती अनुभव ज्ञान और मार्गदर्शन लाते हैं जो Mentees की Challenges का सामना नयी Skills सीखने और अपने Goals को हासिल करने में मदद करते हैं, महत्वपूर्ण गुण जैसे कि अनुभव कम्युनिकेशन Skills, हमदर्दी और प्रतिबद्धता और लगातार सीखना Mentorship रिलेशनशिप में योगदान देते हैं,

निरंतर Mentorship और Expertise Sustained Growth और सफलता के लिए जरूरी है Mentors और Experts का काम में मर्गदर्शन सपोर्ट और FeedBlack Mentees को बदलते माहोल में Adjust करने रुकावटों को पार करने और उनके प्रयतनों में उनकी सफलता को बढ़ावा देने में मदद करता है Mentorship का सफर एक Dynamic process है जो समय के साथ तैयार होती है और लगातार सीखना Development और Improvement के अवसर प्रदान करता है है |

मैं सबको सक्रिय रूप से अपने Respective मेदान में Mentorship\Expertise को ढूढ़ने की प्रेरणा देता हूँ, Mentors कीमती अन्तर्दृष्टिक मार्गदर्शन और Encouragement प्रदान करते हैं | जो पर्सनल और प्रोफेशनल ग्रोथ को तेज़ी से बढ़ा सकते हैं | वैसे ही Mentor या Expert बनने से व्यक्ति अपने ज्ञान और अनुभव को Share करके दूसरों के जीवन में एक सकारात्मक प्रभाव डाल सकते हैं, सामान्य रूप से Mentorship और Expertise विकास सीखने और विकास के लिये

शकतिशाली उपकरण होते हैं| Mentorship अवसरों को अपनाने और Expertise को Share करने से व्याक्ति अपने पूरे Potential को खोल सकता है और अपने पर्सनल और प्रोफेशनल जीवन में अधिक सफलता प्राप्त कर सकते हैं|

लगातार सीखते रहे और आगे बढ़ते रहे |

9. अंतिम बात

हमारे Thoughts हमें Actions लेने के लिए तैयार करते हैं और हमारे Actions से Results आते हैं और हमारे Results ही हमारी Value बनाते है | इसलिए जरूरी है की आप जो सोच रहे है वही आपका Future बनाता है |

Thoughts
↓

Actions
↓

Results
↓

Value

याद रखें Negative thoughts ko mind में जगह ना बनाने दे | मैं उन Negative Points की बात कर रहा हूँ जो आपके अंदर डर पैदा कर दे, आपको बेचैन कर दे - याद रखें बहुत सी बार Negative points फ़ायदेमंद भी साबित हो सकते हैं जैसे याद करें जिस आदमी ने आग बुझाने की मशीन बनाई थी, हम मान लेते हैं कि वे Car Owner था या Company Owner उसके दिमाग में आया हो कि अगर आग लग गई तो क्या होगा हालांकि आप और मैं बोल सकते हैं कि ये Negative Point है ऐसा मत सोचो और वहीं से आग बुझाने के यंत्र बनाने पर काम हुआ |

याद करें उस Army Person को जो अपने देश के लिए लड़ता है। जब वो अपने Mission पर जाता है, हम सबको पता है कि शुरूआती दौर में जो जंग के लिए जाते थे उनके लिए इतनी Facilities नहीं हुआ करती थी जितना कि आज के दौर में हैं, याद करें उन पलो को जब बंदूकें, तोपे और मिसाइल नहीं हुआ करती थी अब आप बतायें तोपें- मिसाइल -

बंदूकें बनाने का विचार कैसे आया होगा - उस वक्त जब तलवार से जंग हुआ करती थीं |

आप ही बतायें कि अगर हममें से किसी को विचार आया होता और हम अपने किसी साथी को बताते कि यार जंग में तलवार, जख्मी कर सकती है तो शायद ही हम ये कह पाते कि इसका कोई Solution निकालना चाहिए | हममें से अधिकतर यही कहते कि ये Negative Point है- ऐसा मत सोचो कुछ नहीं होगा वगैरह मैं आपको बता दूँ कि दुनिया के अंदर अधिकतर चीजें जो वजूद में आयी हैं उनके पीछे कहीं ना कहीं अगर हम देखें कि Negative point ही है |

क्या आप उस इंजीनयर को जो पुल बनाने का काम कर रहा है उसको ये बोल सकते हैं कि कैसा भी और कितना भी Material लगा दो पुल नहीं गिरेगा, नहीं - क्योंकि वहाँ जरा सी भी लापरवाही बरती गयी तो हम सबको पता हैं कि लोगों की जान का खतरा पैदा हो सकता हैं आप वहाँ नहीं बोल सकते कि Negative मत सोचो ऐसा कुछ नहीं होगा, आपको वहा सावधानी बरतनी ही होगी |

मैं बात कर रहा था कि कुछ भी Negative न सोचे, मेरे हिसाब से Negative Point वो हैं जो आपके अंदर डर खोफ़ और निराशा पैदा कर दे - लेकिन अगर आप किसी प्रॉबलम के बारे में सोच रहे हैं फिर वो Negative Thoughts नहीं हैं फिर आप उस प्रॉबलम ko solve करके लाखों करोड़ों कमा सकते है, जिस लेवल की आप प्रॉबलम Solve करेंगे उसी लेवल का आप पैसा कमाएँगे - इसलिये याद रखें कि जैसे आपके Thoughts होंगे वैसे ही आप Actions लेंगे और जैसे आपके Actions होंगे वैसे ही आप काम करेंगे और आपका काम ही आपकी पहचान बनाता है |

हममें से ज्यादातर लोग अपने हालात को बेहतर बनाना चाहते हैं लेकिन स्वयं में बदलाव बिलकुल भी नहीं लाना चाहते, दोस्तों मैं आपको बता दूँ कि अगर आपको भी अपने हालात बदलने हैं तो आपको अपनी Habits को Change Karna होगा हमारी Habits ही हमारा जीवन बनाती है | अगर हम चाहते हैं कि हमें बेहतर फ़ल मिले तो हमें पेड़ की जड़ पर

ध्यान देना होगा ना कि पेड़ के उपर | अपनी उन सभी आदत को लिखिए जो आपके काम में रुकावट बन रही है, अपनी उन सभी आदत को लिखिए जो आपको आपके लक्ष्य तक पाहुंचाने में रुकावट बन रही है।

दोस्तों मैं आपको बता दूँ कि एक आदमी खेती करने के लिए ज़मीन लेता है- अगर वो आदमी उस ज़मीन पर मेहनत नही करेगा तो उस जमीन के अंदर फसल पैदा नहीं होगी मान लेते हैं कि हमने वो जमीन ली है- अगर हम चाहते हैं कि हमें उस जमीन से बेहतर फसल मिले तो हमें उस जमीन पर मेहनत करनी होगी, वो भी सही Time पर अगर हम उस ज़मीन पर मेहनत नहीं करेंगे तो उसके अंदर ऐसे ऐसे घांस फुंस उग जायेंगे जो हमें पसंद नहीं है, ऐसे ही हमारी जिंदगी है अगर हम अपनी जिंदगी को बेहतर बनाना चाहते हैं तो हमें वक्त के साथ-साथ अपनी जिंदगी को बेहतर बनाने के लिए नई नई चीजें सीखनी होंगी |

अपने लक्ष्यों को ध्यान में रखकर अगर हम अपनी Life को बेहतर बनाने के लिए मेहनत नहीं करेंगे तो हमारे अंदर ऐसी ऐसी बुराइयाँ पैदा हो जायेंगी "जो हमें पसंद भी नहीं हैं और लोगों को भी पसंद नही आएंगी"|

मैं आपको बता दूँ कि आप भी अपनी Life को बेहतर बनाने के लिए मेहनत करें और अपने साथ साथ लोगों को भी आगे बढ़ाएँ | आप जब लोगों की जिंदगी को बेहतर बनाने के बारे में सोचते हैं तो आपकी भी life बेहतर होने लगती है-

"जब आप लोगों की मदद करने के बारे में सोचते हैं तो ईश्वर भी आपकी मदद करने के लिए आपके ऊपर कृपा करता है"

दोस्तों, मैं बात कर रहा था कि हमारी Habits ही हमारी Life बनाती हैं याद रखें इस दुनिया मे जितने भी लोग हैं सबके पास 24 घंटे ही है और हम देखते है दुनिया के अंदर जो भी कामयाब इंसान है उनके पास भी 24 घंटे ही होते हैं लेकिन दरअसल बात ये है कि हम अपने 24 घंटो को कैसे यूज़ करते है |

सबसे पहले बात ये है कि आपकी life का मकसद क्या है?

आप अपनी Life में किस Stage Par जाना चाहते हैं?

आपको सबसे पहले ये Clear होना चाहिए कि आप अपनी लाइफ में क्या पाना चाहते हैं- आपको अपने हर काम के पीछे का Why पता होना चाहिए, अगर आप अपनी Life मे किसी भी काम के शुरू होने पर आपको उस का Why Clear हैं कि ये काम आप क्यों कर रहे हैं या आप हर काम को लेकर उसके पीछे का Why खोज लेते हैं तो आपको समझो आगे बढ़ने से कोई नही रोक सकता, जितने भी कामयाब लोग हैं उन्हें अपने हर काम के पीछे का कारण पता होता है कि वे जिस काम को करने जा रहे हैं वे काम उनके लक्ष्य की प्राप्ति के लिए है या नहीं |

आप भी जिस काम को करो उसमें ये Zaroor देख लो कि मैं इस काम को क्यो कर रहा हूँ इसलिए आपकी life के जो भी goal हैं उन पर काम करें और हर काम के पीछे का Why जरूर देख ले |

दोस्तों, मैं आपको बता दूँ कि ये दुनिया जो हम-आप इस दौर में देख रहे है हम सबको पता है कि ये 50 साल पहले कैसी दिखती थी और 100 साल पहले कैसी दिखती थी आज के दौर मे जितनी भी सुविधाएँ दिख रही हैं वे सब की सब ऐसे ही वजूद में नहीं आयी हम आज के दौर में जो भी सुविधाएं ले पा रहे हैं उसके पीछे मेहनत ज़रूर हुई है| आज के दौर में जितनी भी चीजे हम देख रहे हैं चाहे वह Train या Bus हो Internet, Mobile या हवाई जहाज अगर गिनती करने लग जाए तो शायद पूरा Chapter भर जाएगा, लेकिन मैं आपको बता रहा हूँ की हम हवाई जहाज़ का Credit Right Brothers को देते हैं ऐसी ही हर चीज़ जो वजूद में आयी है उसके पीछे हम किसी ना किसी को उसका Credit Zaroor देते हैं |

अगर हम भी चाहते हैं कि हमारे जीते जी या मरने के बाद भी दुनिया हमारा नाम याद रखे तो हमे ऐसे काम करने होंगे जिसकी वजह से हम ऐसी प्रॉब्लम को Solve करे जिसकी वजह से लोगों को फायदा पहुँचे | जैसे हम आज के दौर में देखते है कि मोबाइल किसकी वजह से आया, इंटरनेट किसकी वजह से आया | यहाँ तक अगर हम ध्यान दें तो सुबह से शाम तक बहुत सी ऐसी चीज़ों को देखते हैं जिसमें किसी ना किसी का योगदान ज़रूर रहा है |

दोस्तों, मैं आपको बता दूँ कि ये जो दुनिया हमें दिख रही है, इसमें जितने बदलाव पिछले 100 साल में नहीं हुए और खास तौर से जितने बदलाव पिछले 30 से 40 साल में हुऐ है उतने कभी नहीं हुए हम सभी जानते हैं कि ये दुनिया हजारों लाखों सालो से चल रही है लेकिन जितना तेज़ी से इसमें बदलाव 30 से 40 साल मे हुए है उतना तेज़ी से बदलाव कभी नहीं हुए।

ये बदलाव का समय है-

अगर आपने अपनी जगह नही बनायी तो फिर आपकी जगह कोई और ले लेगा हम सभी देख रहे हैं कि इस दौर

में कितनी तेज़ी से बदलाव हो रहे हैं अगर आप भी कुछ करना चाहते हैं तो आपको ज़्यादा इंतज़ार नहीं करना चाहिए।

मैं आपको बता दूँ कि मेरे एक दोस्त है जिनके दिमाग में पिछले कुछ सालों से एक काम करने का Idea चल रहा था लेकिन उन्होने उस पर काम नही किया अब वो मुझे पिछले कुछ दिनों पहले बता रहे थे कि जो Idea उनके दिमाग में आया था उसी Same Idea के लिए Shark Tank एक पर लड़के ने Fund लिया है अब उसके पास पछताने के अलावा कुछ भी नहीं हैं।

लेकिन मैं आपको बता दूं कि Tyre का अविष्कार हो चुका है Mobile का आविष्कार हो चुका है, अब आपको ये देखना है कि आप इस दुनिया में जितनी भी चीज़े है उसमें कैसे बदलाव कर सकते हैं हम सभी जानते हैं कि मोबाईल का अविष्कार हो चुका था लेकिन Steve Jobs ने उसके अंदर बदलाव करके उसे लोगों के सामने पेश किया जिसकी वजह से वह लोगों को काफी पसंद आया और लोगों ने उसकी सराहना भी की Steve Jobs ने Software और Hardware पर भी खासतौर से ध्यान दिया जिसकी वजह से आज के दौर में APPLE ने अपनी अलग ही जगह बनायी हुई है|

Walmart दुनिया की सबसे बड़ी Retail Chain Store है क्या आप जानते है कि जिस कम्पनी की

शुरुआत एक दुकान से शुरू हुई थी लेकिन जिस TIME मैं ये बात लिख रहा हु इस Time में WalMart ke pas 10585 Store है जिसमें से 4622 Store अमेरिका में है में आपको बता दूँ कि इस Company ki शुरुआत एक Provision स्टोर से हुई थी और आज इसके पास 24 देशों में 46 अलग अलग नामों से 10585 Store हैं| कहने का मतलब ये है कि अगर आप भी कुछ करना चाहते हैं तो आगे बढिये और जब तक आपको आपका लक्ष्य प्राप्त ना हो तब तक ना रुके |

मैं आपको बता रहा था की हम इस दुनिया में कुछ करने के लिए आये हैं ईश्वर ने हमें इस दुनिया में एक अलग ही मुकाम दिया हैं | मैं आपको बता दूँ की दुनिया में 8 अरब लोग हैं, सब की शकल अलग-अलग हैं और सबके फिंगर प्रिंट अलग हैं |

मैं आपको बता दूँ की सबसे पहले हम अपने आपको किसी से भी कंपेयर करना बंद कर दें |अपने दिल की आवाज़ सुने, मुझे आपको यही बताना था कि जो हमें पसंद आया उसी के मुताबिक मार्केट की जरूरत को समझकर आगे बढ़ जाना चाहिए |

जब आप मार्केट की जरूरत को और अपने दिल की आवाज़ को यानी, जो आपको पसंद हैं दोनों को मिला लेते हैं| फिर उसके बाद आपके पास पैसा ही पैसा आता है| जैसे मैं आपको बता रहा था कि ये दुनिया जो हमें बदली हुई नज़र आ रही है इसके पीछे बहुत सारे लोगो की मेहनत है ये उसका नतीज़ा हैं |

अगर हम अपनी दुनिया यानि अपनी जिंदगी को नहीं बदलेंगे तो हमारी लाइफ भी उस ज़मीन की तरह, हो जाऐगी जिसे लेने के बाद उस पर मेहनत ना करने की वजह से, उसके अंदर बहुत सारी घांस-फुंस और चीज़ें पैदा हो जाती है, जो हमें पसंद नहीं, हमारी जिंदगी भी ऐसी ही है अगर हम अपनी जिंदगी को बेहतर बनाने की कोशिश नहीं करते तो हमारी अंदर भी ऐसी चीज़े आ जाती है जो हमें पसंद नहीं आती है इसलिए अपने आप से वादा करें कि हम अपनी जिंदगी को बेहतर बनाएँगे |

मैं आपको बता दूँ कि आपकी life के जो भी Goal हैं उनके ऊपर आज ही काम करना चुपचाप शुरू कर दें किसी को न बताये अगर आप किसी को बताते हैं - हो सकता है कि आपके दुश्मन आपके काम में रुकावट पैदा कर दें मैं आपको बता दूँ कि आपके जो भी Goal हैं उस पर चुपचाप काम शुरू करें | अगर आप लोगों के सामने अपने विचार व्यक्त करते हैं और आप उस काम को पूरा नही कर पाते तो लोग आपको हलके में लेने लग जाएंगे और याद रखें कि आप जो भी काम कर रहे हैं उसका किसी के सामने ज्यादा हवाबाज़ी में बात करना छोड़ दें अगर आप लोगों से आगे निकलना चाहते हैं तो अपने दोस्तों को अपने उस विषय से भटका कर रखें अगर आप अपने लक्ष्यों का लोगो के आगे ज़िक्र करते है इससे हो सकता है कि आपके अंदर काम को लेकर जुनून Energy का Level Down हो जाये - इसलिये आपको आपके Goal के लिए जो भी चीज़ें चाहिए उनकी व्यवस्था करिये और अपने Goal पर काम करना शुरू कर दीजीए - और जब तक आप अपने काम में सफ़ल ना हो जाऐं तब तक किसी को न बताये और याद रखें बहुत से लोग खुली किताब की तरह होते हैं जिन्हें कोई भी पढ़ लेता है-

इसलिए अपने विचारों को किसी से जाहिर न करें|

और दोस्तों देखो ऐसा है, किसी को बताने या ना बताने से आपकी Life में कुछ नहीं होने वाला पर आपके काम में फर्क जरूर पड़ने वाला है, वो भी आपके दुश्मन हो सकता है की आपके काम में रुकावट पैदा कर दे |

याद रखें कभी भी ज़रूरत से ज़्यादा बात न करें हमेशा याद रखें ज़रूरत के मुताबिक बात करे, ऐसी बात मुँह से ना बोले जो बोलने के बाद आपको पछताना पड़े इसलिये यह बात अच्छी तरह समझ लेनी चाहिये, समझदार बोलने से पहले सोचता है यानी जो भी बोलता है, सोचकर बोलता है -और नासमझ हमेशा बोलने के बाद सोचता है यानी बिना सोचे समझे बोलता है-

इसीलिए अपने विचारों को छुपाना सीखें और लोगों को वही सुनाए जो अक्सर लोग सुनने के आदि होते हैं |

दोस्तों, मैं आपको बता दूँ कि ऐसे लोगों से दुर रहे जो आपकी ENERGY और TIME दोनों बर्बाद कर दें- लोगों को Time दें लेकिन अपनी ज़रूरत को भी सामने रखें बहुत सी बार आप किसी के काम के लिए हाँ बोल देते हैं और बाद में आपको दुखी होना पड़ता है |

मेरे साथ भी अक्सर ऐसा होता था कि मैं पहले लोगों को किसी भी काम के लिए हाँ बोल देता था-

पहले तो मैं उस काम को टालता रहता था और फिर बाद में दुखी होकर उनके कामों को करता था - इससे एक बात तो ये बिल्कुल साफ़ हो जाती है कि आपका Time तो लगता ही है लेकिन जब में किसी के काम को दुखी होकर करता था तो मेरा Time तो लगता ही था लेकिन में बाद में वापस जब अपने काम को करने बैठता था- तो मेरा मूड़ खराब रहता था इसकी वजह यह थी कि पहले किसी के भी काम के लिए हाँ बोल देता था और मेरा काम DELAY होने की कारण से ही मेरा मुड़ खराब रहता था | एक बात याद रखें जब आप किसी के काम लिए हाँ बोल देते हो तो इससे आपका Time Aur Energy दोनों लगते है |

इसलिए सबसे पहले ये Decide करें कि आप किसी के भी काम यो हॉ बोलने से पहले सबसे पहले ये देख ले कि आप जो भी काम करने के लिए जा रहे हैं उसके पीछे आपका भी कोई फायदा हैं,या आप फ्री में ही लोगों की चापलूसी कर रहे है |

कभी भी जब आप किसी के काम के लिए हॉ बोले तो आपको ये भी देखना चाहिए कि आपको इस काम के लिए Time Aur Energy लगाने की जरुरत है या नही | अगर आपका दिल उस काम को करने के लिए ना माने तो उस काम को तुरंत मना कर दीजीए अपनी Energy और Time को ऐसे कामो में लगाइए जो आपको आपके Goal तक ले जाऐ |

जब आप अपने Time Aur Energy को अपने आप को बेहतर करने में लगायेंगे तभी आप लोगों को भी बेहर बनने में मदद करेंगे | बहुत सी मर्तबा हमारे साथ ऐसा होता है कि हमें किसी ने कोई काम के लिए कहा और हम तुरंत उसके काम के लिए हाँ बोल देते है हमें ये भी देखना

चाहिए कि हम सामने वाले व्यक्ति के लिए ये काम सही तरीके से कर भी पाएँगे या नहीं अगर नहीं तो आप तुरंत साफ़ साफ़ मना कर दें और बहुत से काम ऐसे भी होते हैं जिनको हम कर सकते हैं अगर हम कर भी सकते हैं तो भी हमें यह भी देखना चाहिए कि मेरे इस वक़्त जाने से मेरे काम का तो कोई नुकसान नही हैं- मैं आपको बता दूँ कि आप सब लोगों को खुश नहीं कर सकते |

यहाँ मुझे एक आपनी की बात याद आ गयी जो मैं आपको बताना चाहूँगा, मैने एक आदमी के बारे में बहुत से लोगों से सुना था कि वह आदमी घमंडी है, मतलबी है जैसी बातें सुनी थी और पता है लोग उसको घमंडी और मतलबी क्यों बताते थे, इसके पीछे एक चीज़ थी, पता है वो क्या चीज थी? जो भी लोग उस आदमी को घमंडी समझते थे उसके पीछे उनकी खुद की जरूरत जुड़ी हुई थी यानी वो लोग ही उसे घमंडी बताते थे |

उस आदमी ने उन सबको पैसे देने से इंकार कर दिया था और वो लोग उस आदमी से पैसे उधार मांगते थे तो वो मना कर देता था-

पता है, इसके पीछे वजह क्या है- जब हम बड़े होना शुरू होते हैं तब हमारी जरूरतें भी बढ़ने लगती है और बहुत सी जगह हमें पैसी की भी ज़रूरत हो जाती है कभी कभी क्योंकि हम हमारी Income में अपने खर्चों को पूरा नही कर पाते |

अब में आपको बताऊंगा कि ये Conditions इसलिये पैदा होती है कि जब हम बड़े होना शुरू होते है यानी जब हम Career की शुरुआत करते है और हमारी जब Financial Condition ठीक होने लगती है तो हमारे पास कुछ लोग हमसे पैसे उधार लेने के लिए आने लगते है और हम सबको यानी हम अपनी Conditions के हिसाब से लोगों को पैसे भी देना शुरू कर देते है और फिर लोग हमारी तारीफ करने लगते हैं ये शुरूआती दौर में होता है | और जब लोगों के पैसे देने का टाइम आता है कुछ लोग तो Time पर पैसे दे देते हैं और कुछ लोग हमे तारीख पे तारीख देने लगते हैं बस यहीं से सारी कहानी शुरू होती है | जब लोग आपके उधार पैसों के लिए आपको तारीख पे तारीख देने लगते हैं तो अब

आप लोगों को पैसे उधार देने से इंकार करने लगते हैं उसके बाद लोग आपको घमंडी और मतलबी बताने लगते हैं|

अब इसके बाद आप लोगों की जरूरत पूरी करने के लिए मना करने लगते हैं यही वजह है कि हमारे समाज में लोग दूसरों को बुरा, घमंडी और खुदगर्ज बताते हैं हमें यह भी दिखना चाहिए कि लोग जिसे मतलबी बताते है उसके बारे में हमें पूरी बात जान लेनी चाहिए उसके बाद ही किसी को Judge करें|

एक बात याद रखें कि जब आप अपने Career की शुरुआत करते हैं और हमारी Financial Condition theek होने लगती है तो हमारे आस पास बेवकूफ लोग पैदा हो जाते हैं, में उनहीं बेवकूफ की बात कर रहा हू जो लोग आपसे पैसे उधार लेने के लिए आते हैं और जब पैसे देने का Time आता है तो वे आपसे ऐसे Behaviour करते हैं जैसे आप उनसे पैसे उधार मांग रहे हो|

ऐसे लोगों से हमेशा बचकर रहें और जिन लोगों को भी आप पैसे उधार दे उन्हें सिर्फ इतने ही पैसे उधार दें जितना आपमें भूल जाने की औकात हो। मेरे एक दोस्त कहते हैं कि आज के Time में किसी को पैसे उधार देने वाला बेवकूफ है और आज के दौर में अगर कोई किसी के पैसे वापस कर दे तो वो उससे भी बड़ा बेवकूफ है। पता है वो ऐसा इसलिए कहते हैं कि आज के दौर में लोग अमानतें वापस नहीं करते हैं।

अगर आप लोगों को पैसे उधार देते है तो इससे हो सकता है आपका करियर खतरे में पड़ जाए - तो याद रखें और Promise करिये कि आप लोगों को उतने ही पैसे उधार दे जिससे आपके करियर पर कोई भी फर्क न पड़े ।

कोई भी फैसला लेने से पहले उसका अंत सोचकर फैसला करें-

हमारे साथ भी अक्सर ऐसा होता है कि हम बहुत सी बार पहले जल्दबाज़ी में कोई भी फैसला ले लेते हैं, हमें हर फैसला सोच- समझकर करना चाहिए खासतौर से ऐसे फैसले जो हमारी life के और Business के फैसले हों|

जब आप किसी भी काम में लग जाते हैं और आपको एहसास हो कि आपने यह काम गलत किया, याद रखे जब आप किसी काम में लग जाते हैं उसके बाद आपको उस काम में से निकलने में बहुत ज्यादा Efforts लगता है इसलिए आपको फैसला सोच समझकर करना चाहिए |

अपने उठने से लेकर सोने तक Time को लिखे सोकर, उठने के बाद से सोने तक अपने Time को लिखे कि किस-किस Time में आपने क्या-क्या काम किये और हर रोज़, सोने से पहले अपने पूरे दिन को देखे कि आपने कितना Time उन चीजों पर लगाया जो आपके लिए जरुरी थे और कितना Time उन कामों में लगाया जो आपके लिए जरूरी नहीं थे, जो ज़रूरी नहीं है, (जो काम जरूरी नहीं थे)उनसे बचें जब आप ऐसा करते हैं तो आप देखेंगे कि आपके पास बहुत सा Time बचने लगेगा |

Time Schedule:

5:00 AM	2:00 PM
30	30
6:00 AM	3:00 PM
30	30
7:00 AM	4:00 PM
30	30
8:00 AM	5:00 PM
30	30
9:00 AM	6:00 PM

30		30
10:00 AM		7:00 PM
30		30
11:00 AM		8:00 PM
30		30
12:00 PM		9:00 PM
30		30
1:00 PM		10:00 PM
30		30

लगातार सीखते रहे आगे बढ़ते रहे।

www.ingramcontent.com/pod-product-compliance
Lightning Source LLC
La Vergne TN
LVHW041618070526
838199LV00052B/3195
9789362615978